■ 大宝 21 岁生日

■ 二宝动手包饺子（15岁）

■ 在纽约现代艺术博物馆看画展

■ 到纽约旅游（2014 圣诞节）

■ 回中国探亲也忘不了画画（2013 年）

■ 体操比赛后（2015 年）

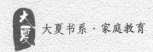
大夏书系·家庭教育

THE MOTHER
The Natural Teacher

好妈妈是天然的老师

优质父母10堂成长课

[美] 陈　晚　著

华东师范大学出版社
全国百佳图书出版单位

图书在版编目（CIP）数据

好妈妈是天然的老师/陈晚著 . —上海：华东师范大学出版社，2015.1
ISBN 978 - 7 - 5675 - 3062 - 1

Ⅰ.①好… Ⅱ.①陈… Ⅲ.①家庭教育 Ⅳ.①G78

中国版本图书馆 CIP 数据核字（2015）第 030876 号

大夏书系·家庭教育

好妈妈是天然的老师

著　　者	〔美〕陈　晚
策划编辑	朱永通
审读编辑	朱　颖
封面设计	百丰艺术
出版发行	华东师范大学出版社
社　　址	上海市中山北路 3663 号　邮编 200062
网　　址	www. ecnupress. com. cn
电　　话	021 - 60821666　行政传真 021 - 62572105
客服电话	021 - 62865537
邮购电话	021 - 62869887
地　　址	上海市中山北路 3663 号华东师范大学校内先锋路口
网　　店	http://hdsdcbs. tmall. com
印 刷 者	北京季蜂印刷有限公司
开　　本	640×960　16 开
插　　页	2
印　　张	15.5
字　　数	190 千字
版　　次	2015 年 7 月第一版
印　　次	2015 年 7 月第一次
印　　数	6 100
书　　号	ISBN 978 - 7 - 5675 - 3062 - 1/G · 7921
定　　价	35.00 元
出 版 人	王　焰

（如发现本版图书有印订质量问题，请寄回本社市场部调换或电话 021 - 62865537 联系）

目　录

自　序

好家长以关心教育为己任

纵观中国的书市，和中美教育有关的亲子教育书籍大致有两大类。一类是哈佛爸爸耶鲁妈妈写的书，这些书主要告诉读者如何让孩子挤进美国名校。另一类书是普通爸爸妈妈写的书，这些书的作者主要着重于孩子品德性情的培养，以及探讨处理亲子危机时的一些对策。我虽有三娃儿，老大也上了大学，遗憾的是，我并不是哈佛妈妈。所以说，我的这本书名副其实地被我归入了第二类。

不是我闭关自守，也不是我夜郎自大，哈佛妈妈和耶鲁爸爸写的书我本人很少读。不过为了完成这部书稿，我在写作期间参阅了一位韩国哈佛妈妈写的一本书，加上我以前读过的《虎妈战歌》，我对名校学生家长写的书，确实只读了这么点。通过阅读这两本书，我感觉到无论是韩国妈妈，还是美国妈妈，只有虎妈类的孩子才有可能挤进像哈佛耶鲁那样的名校。因为性格使然，无论如何我也做不了虎妈，所以我的孩子也就很难进入哈佛了。依此推理，有什么样的妈妈，就会有什么样的孩子。如果我们说，妈妈是孩子天然的老师，从学业的角度来说，至少应该顺理成章。

对大多数的孩子们来说，能进哈佛的学生绝对是少数。如果孩子没有进哈佛的潜质，妈妈又没有虎妈般的严厉，即使你把哈佛妈妈的书倒背如流，你的孩子也进不了哈佛。或许这就解释了我本人为什么不热衷阅读哈佛妈妈书籍的原因。对大部分家长来说，我们面对的都是普普通通的孩子。如何"化腐朽为神奇"，并让普通的孩子成才，这才是我们为人父母应该深思的大问题。

我在美国已经漂泊了二十多年。多年前，我在攻读博士学位期间，做了五年的助教，我与美国学生和教授有过多年的交流。不但我自己曾经做过留学生，也荣获了美国生物学博士学位，而且最近我又重返校园开始攻读文学类的第二学位。基于这种种的原因，无论是在二十年前，还是在现在，我对美国大学的文理科教育并不陌生。加之近二十年来，我同时也在抚育着自己的三个子女，我在帮助我的孩子们应对美国中小学的教育时，或多或少会有一些经验和教训。这本书里面的一些内容，就是以各种各样的实例，展示了家庭教育和美国学校教育之间的你中有我、我中有你的互补关系。此外，本书也探讨了对孩子进行品行教育和道德培养的种种实例。

无论身居何处，我们中国人非常重视教育，这是一个举世公认的事实。的确，每次我从美国回国探亲，当我和国内的亲朋好友交谈时，我们谈论最多的话题就是孩子。孩子上了哪所重点高中？孩子上了什么大学？孩子找到了什么样的工作？我发现，所有父母关心的主要话题，几乎都集中在这几个既简单又复杂的问题里。中国妈妈如此，美国妈妈亦然，这几个问题可谓是中美教育的共同切合点。

或许是因为美国文化的熏陶，我的三个孩子总会让国内的亲朋好友，甚至是陌生人读出一些不一样的性格和气质。有一次，我带我家二宝去家乡的理发店去收拾头发。二宝刚刚坐下，理发师就好奇地发出惊叹：这孩子哪来的？这孩子的气质和咱中国孩子的气质不一样，**这孩子眼睛里面有思考**。家乡的这位理发师走南闯北，可谓是阅人无数。他眼光的犀利，让我亦悲亦喜。原本是中国人的后代，二宝却不像中国孩子，这让我有些淡淡的伤悲。从理发师惊奇的提问中，我同时读到了他对孩子气质的欣赏，这又让我有些自豪和欣喜。我当时就想，到底是美国文化，还是家庭教育，才造就了我家孩子与国内孩子不一样的气质？

去年夏天回国，我和孩子们在上海火车站候车。当几乎所有的旅客都用手机阅读打发时间时，我家的二宝和小宝却能在熙熙攘攘的候车室里读书。这个在我看来很平常的一幕，却让陪我同行的国内朋友赞叹不止。你家孩子爱看书，这太棒了！国内的很多孩子，没事就爱玩游戏。朋友的一番赞许，让我有些不好意思。其实，我只是在出发前提醒孩子们带上一本他们喜欢的书籍，用来打发等车时的寂寞。就是这样一个小小的提醒，才让我的朋友发出了这样的赞许。美国孩子爱玩游戏的也不少，我的孩子到底是玩游戏，还是读书，全在于我的提醒和督促。在日常生活中，妈妈的适当管教看似简单，却能造就不一样的结局。

作为家庭教育的主力军，母亲的作用不容忽视。"世上只有妈妈好""昔孟母，择邻处。子不学，断机杼。"等等这些俗语或者典故，都把母亲指向了家庭教育的最先锋。加之现代社会中男女分工的不同，经常陪伴孩子的家长，常常不是父亲，而是母亲。从孩子诞生那一刻起，母亲的家庭教育就已经开始了。给婴儿哼唱儿歌，和婴儿讲话，谁能说这不是启蒙教育的一种呢？等孩子长大以后，教孩子认字，给孩子讲故事，哪个妈妈没有过这样的经历？帮孩子选学校，送孩子上学，和孩子谈心聊天，辅导孩子写作业，哪个妈妈没为此操劳过？正因为妈妈常常出现在孩子的视野中，母亲们的一举一动对孩子的成长非常重要。近朱者赤，近墨者黑，有什么样的母亲，就会有什么样的孩子。所以说，好妈妈是天然的老师，就不是什么空穴来风了。

家庭是教育的第一个课堂。从这个角度来说，我们每位家长都是老师，我们都有可能是潜在的教育家。可惜，任何社会都有一定的游戏规则。在这个社会里，并不是每个人都有同样的话语权。即使某位家长对教育有真知灼见，如果他（她）没有话语权，他（她）的观点只能属于他（她）自己的家庭。

作为一名普通的家长，相当一段时间以来，我早就以关注教育为己任了。这不仅仅是因为我是三个孩子的家长，也不仅仅是因为我有在美国和中国就读的经历。我关注教育的主要原因是，我耳闻目睹了许多家庭为了子女的教育绞尽脑汁却出师不利。我先是因为恐惧，才对教育产生了兴趣，因为我不希望我和我的孩子们也在同样的挣扎和困惑中失去方向。后来，我的恐惧慢慢转化成了一种希望，我希望每个家庭的孩子们都能在成长中如鱼得水。当我收到越来越多的读者来信时，大家对教育的集体困惑，才使我慢慢意识到了某种责任。

其实我们每个家长都应该以关心教育为己任。这样做，不仅仅是为了给自己的孩子送去光明，我们也可以把我们的经验教训当成一盏明灯，用来照亮依旧在黑暗中摸索的家长们。虽然我们每个人的视野都很有限，我们都无法看到教育真相的全部，但集体的智慧远胜于一人独行。

在关注教育的过程中，专家学者的观点固然值得参考，但普通家长的声音更值得倾听。学者的高谈阔论永远无法代替家长们的叹息声，唯有大家一起在经验教训中前行，我们才有可能接近真正意义上的成功。这种成功，不以名校为唯一的评判标准。这种成功，不以起跑线论输赢。无论风吹雨打，还是电闪雷鸣，当我们能以坦然的心态面对孩子们无畏的笑容时，我们对教育的关注，才能开辟出另外一条通向成功的小径。

这本书的主要目的就是希望能从我们日常琐碎的生活中，提取出家庭教育的精华，看看它对孩子的总体教育到底能有多大的影响。比如说，出发前我如果没有提醒孩子们带书，他们很可能在火车站候车时也会拿出 iPad 津津有味地玩游戏。所以，我一直认为，家长对孩子的教育态度，决定了孩子未来的总体模样。这种模样并不仅仅表现在孩子的外在气质上，它也表现在孩子看不见的精神世界中。

在文学世界，有很多歌颂母亲的诗歌和典故。在此，我愿引用美国总统林肯的一句话来表达一下母亲对子女成长的重要性。 在提到自己的母亲时，林肯曾经深情地说过："我之所有，我之所能，都归功于我天使般的母亲。"人们常说，每一位成功的男人身后，都站着一位好女人。 根据古今中外的亲子教育典故，假如我们说，每个好孩子的身后，都站着一位好妈妈，这种说法，你赞同吗？

如果你有缘读到这本书，让我们一起来寻找好妈妈何以是好老师的种种答案。

第一课 *1*
LESSON ONE

好妈妈应该是什么样?

随着社会生活的进步和教育水平的提高，人们对好妈妈的要求也越来越高了。无论采纳何种标准，有一点是可以肯定的：仅仅应付子女吃饭穿衣的妈妈们，已经远远不能满足现代子女教育的要求了。好妈妈应该是什么样？这个问题究竟有没有标准答案？孩子们眼中的好妈妈，又是什么样呢？中美孩子对好妈妈的期盼，是否有一定的共性？在本书的第一课，让我们一起来探讨这个简单而又复杂的问题吧。

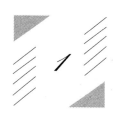

好妈妈应该是什么样?

在这本书的开始,让我们首先来思考一下:到底怎样才算是好妈妈?

我们评价任何事情,什么是好,什么是坏,我们对所谓的好与坏的评判,带有很大的主观性。到底怎样才算是好妈妈?什么是好妈妈的标准?我相信,不同的人会有不同的视角和观点。

2011 年的母亲节,江苏盐城新闻网对 100 名双语班的五年级学生做过一次多项选择式的抽样调查。在这些学生们的眼中,好妈妈应该是这样的:

·比别的妈妈漂亮。

·比别的妈妈富有。

·让我有更多的时间玩乐。

·少啰唆、少唠叨、少批评我。

·理解我,多陪陪我,比别的妈妈更爱我。

以我这个美国侨民的眼光来看,坦率地说,中国孩子眼中的好妈妈标准很高。因为中国孩子对好妈妈的要求包括了财富和美貌。毫无疑问,在贫穷和姿色一般的妈妈当中,肯定会有许许多多的好妈妈。对中国小学生的随机调查,虽然有一定的代表性,但不一定是共性。在美国孩子们的眼中,好妈妈应该是什么样的呢？ 有一首英文诗歌，基本概括了美国孩子对好妈妈的期待，我不妨来简单翻译：

世界上最好的妈妈

当我在黑暗中时，

妈妈是照亮我的光。

当我身处骄阳时，

妈妈是夏日中的阴凉。

当我睡觉时，

妈妈是张舒适的床。

当我生病时，

妈妈是医治我的药汤。

在地球上，妈妈就是我的生命。

能有这样的好妈妈，我心真欢畅！

（Janani）

在美国好妈妈的诗歌里，作者对妈妈的美貌和财富没有任何要求。 对比上述中美儿童对好妈妈的期待，我们不难看出，孩子们对母亲的期待，在某些方面具有一定的共性。 简单地说，渴望理解与支持，是中美孩子们对妈妈的共同要求。

随着社会的发展和进步，人们对好妈妈的标准也有所改变。好妈妈胜过好老师，这个观点已经得到了人们的普遍接受。 据亲贝网育儿专家介绍，和传统好妈妈相比，现代好妈妈的标准已经不同于从前，现代好妈妈应该在以下几方面有所注意：

（1）培养孩子的自信心，鼓励其独立性，教他们适应生活。

（2）注意孩子的情绪发展，使孩子保持愉快、满足的情绪状态。

（3）促进孩子的心理发展，培养他们的阅读和计算能力。

（4）爱孩子，与孩子分享快乐，引导其在儿童水平上安排生活。

（5）对孩子说的话感兴趣，解答孩子提出的问题。

（6）镇定、愉快，有幽默感，经常面带笑容。

按照上面这个现代好妈妈的标准，我不禁要问我自己，那我到底是不是好妈妈呢？就这个问题，有一次我向我的三个孩子求问："在你们看来，妈妈是好妈妈吗？""是！妈妈当然是好妈妈啦！"我的孩子们异口同声地回答我。随后，我接着问："那妈妈到底好在哪里呢？"

综合我三个孩子的看法，他们认为，凭着下面的几点，我就可以进入好妈妈之列了：

（1）帮他们解决困难。比如，辅导作业。

（2）和他们共度娱乐时间。比如，一起看电影，听音乐，旅游。

（3）给他们自由。比如，孩子可以自己选择服装样式和阅读的书籍。

（4）成绩不理想时，不骂他们。

（5）和他们谈心聊天。

（6）善待他们的朋友。

（7）不干预他们的青春情感。

（8）为他们安排各种课外活动，高高兴兴接送他们，不发怨言。

（9）带他们去教堂。

以我三个孩子的观点，我荣幸成了他们眼中的好妈妈。虽然孩子们对我有认同感，但这些鼓励并不能让我有一丝的懈怠。养育孩子是一个长期的系统工程，在孩子的成长过程中，来自母亲的潜移默化作用不可忽视。近朱者赤，近墨者黑；龙生龙，凤生凤，老鼠的孩子会打洞；……这些是我们中国人评价父母影响子女前途时的民间智慧。古罗马哲人王马可·奥勒留在他的巨著《沉思录》起始处，以饱满的深情，一一感谢了家庭成员对塑造他的性格和他一世成就的影响。他说，从他的祖父身上，他学会了和蔼待人之道；从他父亲那里，他学会了谦逊和勇敢。在谈到母亲对他的影响时，他深情地说："从我的母亲，我学习了敬畏上帝、慷慨；不仅是不肯为恶，甚至不起为恶的念头；并且进一步，过朴实的生活，摒绝一切富贵之家的恶习。"

由哲人王的感言，我不禁联想到普普通通的我。在我的儿时，我的母亲也曾经教过我人生的智慧啊！"越饱满的谷穗，头低得越低。"这就是儿时母亲对我的教诲之一。这句话的潜台词是说：越有学问的人，就越谦虚。如今每当我沾沾自喜，或者有点儿翘尾巴时，母亲的这句话就会重重地敲打着我。由此可见，好妈妈的言传身教，可以伴随孩子的一生。

教育是一代一代的传承，如今身为人母的我，是否也能向我的孩子们时时灌输一些有益的人生智慧呢？对这个问题，我本人在思考，所有的母亲们也应有所思考。因为母亲就是孩子们在家中的老师，母亲的一言一行对孩子的影响虽无形却深远，甚至可以影响孩子们的一生。在这本书里，我将以自己多年来亲身经历的育儿故事，和亲爱的读者们分享一下我在美国身为人母的酸甜苦辣。我真心希望这些故事会对大洋彼岸的家长们有所帮助和启发。

做个好妈妈不容易

在中国的《三字经》中，有一个人人熟知的故事：昔孟母，择邻处。子不学，断机杼。你看这三字经，说的是孟母如何如何，并没说孟父如何如何。由此可见，和父亲相比，母爱的天性，让母亲对子女的教育有着强烈的使命感。美国总统林肯曾经这样提及母亲对他的影响："我之所有，我之所能，都归功于我天使般的母亲。"还有很多很多的例子可以说明，母亲对子女教育的重要性确实非常大。

2006年夏天，我在美国中部城市圣路易斯遇到一位越南妈妈。也许是和中国相邻的缘故，越南妈妈的育儿经和我们中国妈妈非常相似。我们闲聊时，身为美国移民的越南妈妈三句不离本行，她最引以为荣的话题是谈她的儿子。她说，她的这个儿子上中学时非常不成器，爱玩，不爱学习，择友不善，整天浑浑噩噩。儿子的表现，让这位越南妈妈非常痛心。为了教育孩子，她苦口婆心，甚至用棍棒唤醒孩子。经过她不懈的努力和坚持，终于有一天，他的儿子大脑开窍了，开始发愤读书，最后考上了美国某名校的工程专业，成了一名高级工程师。越南妈妈成年后的儿子非常孝顺她，常常在家庭聚会中感谢妈妈对他的教诲。

越南妈妈给我讲的故事，提醒我一个很重要的问题。无论是学业，还是人品，不管孩子多么不成器，只要母亲坚持对症下药，孩子都有变好的可能。 最关键的是，母亲要能及时识别孩子的不足，并用正确的办法纠正孩子的不足。

我们大部分家长，当然也包括我自己，都能看出孩子的问题所在。 我们作为家长所面临的最大挑战是，即使发现了孩子的问题，我们该如何用孩子能接受的方式去及时纠正这些问题。在美国，打孩子是违法的，我不会像越南妈妈那样棍棒相加调教孩子。 那么我需要做的事情就只能是苦口婆心地给孩子讲道理了。

让我们亦喜亦忧的是，现在的孩子都很有自己的主见和思想，咱们当家长的如果跟不上孩子的思维，他们不仅不爱听，说不定还会反叛，最后弄个鸡飞狗跳的。 做一个真正合格的妈妈，其实非常不容易。 我们不仅要懂孩子的心理，我们还要学会言语措词，尽量在说话时不伤孩子的自尊，我们还要有智慧能及时为孩子出谋献策。 最关键的是，我们要让孩子口服心服，让孩子不讨厌我们的唠叨。 这一切的一切，都让我觉得做个合格的好妈妈并不容易。

无论是中国，还是美国，孩子的生活和教育，大部分都是由母亲承担的。 母亲的一举一动，都有可能是孩子效仿的对象。孩子是母亲的影子，只有母亲站正了，孩子才不会歪斜。 现代妈妈不只是为孩子提供食物和衣服的保姆，为了孩子身心的健康成长，我们这些做妈妈的要不断地反思，纠正自己认识上的不足并及时改正。 做母亲不易，做一个好母亲更不易。

好妈妈要尽量少唠叨

　　无论身在何处，凡是母亲，只要在管教孩子时，几乎没有不爱唠叨的，只是不同母亲唠叨的程度不同而已。凡是孩子，无论男女，几乎没人喜欢母亲的唠叨。既然如此，那么母亲和孩子之间的这种交流冲突，到底该怎样协调？

　　最近我读了一篇生于安提瓜岛的美国当代女作家牙买加·琴凯德的著名短篇小说《女孩》。这篇小说对我的内心震动极大，在小说里，作者以极短的文字和极强的爆发力，描述了一位母亲对女儿唠唠叨叨式的教诲。文学作品可以拷问人心。当我阅读这篇小说时，我内心起伏，反思不已。我仿佛不仅听到了我的长辈当年对我不厌其烦地唠唠叨叨，也让我感到了我现在对自己孩子唠唠叨叨时的烦碎。

　　这篇小说中的母亲是这样对女儿唠叨的：星期一洗白衣服，洗后把它们放到石头堆上；星期二洗带花色的衣服，洗好后把它们晾起来；烈日下不要赤脚走路；烹制咸鱼前要泡一宿；在星期天，走路要像个淑女，而不要像个荡妇；不要在街上吃水果，否则苍蝇会跟着你；要这样缝纽扣，要这样给你刚刚缝的纽扣做纽扣眼儿；要这样熨你爸爸的衣服，要这样熨你爸爸的裤子；要这样打扫房间的一角，要这样打扫整个房间，要这样打扫院子；对你不太喜欢人你要这样笑，对你根本就不喜欢的人你要这样笑，对你特别喜欢的人你要这样笑；这样摆茶桌，这样摆餐桌，这样摆宴请要客的茶桌，这样摆午餐的桌子，这样摆早餐的桌子……这篇小说的基调和节奏基本就是这样的。母亲说话时，故事中的女儿根本就没机会插嘴。

作者以讽刺和夸张的写法，让一位唠唠叨叨的母亲跃然纸上：一张桌子就要有那么多的摆法，衣服裤子的熨法也不能一样，打扫房间也有死板的约束和要求。我想，假如我是这位母亲的女儿，我肯定得烦死！我同时又想，假如我也是如此教育我的孩子，他们肯定也要烦死！

爱唠叨是母亲的天性，而爱自由不爱被管教则是孩子们的天性。在母子（女）交流时，如何智慧地协调这两种相互倾轧的天性，确实是个大难题。不管教不唠叨吧，咱们怕孩子们吃亏上当；管得太多唠叨得太厉害吧，又怕激起孩子的叛逆心理。身为人母，言传身教，确实很难。

我家的三个孩子，长了三个样，性格也各有千秋。大宝比较有主意，也很固执己见，不会轻易采纳别人的建议。二宝比较爱思考，既有自己的想法，也能礼貌地听取我的建议，但她最后是否执行我的建议，我没有把握。小宝性格比较随和，凡事爱为他人考虑，是个最容易听取我建议的孩子。我家同母所生的这三个孩子性格都不一样，他们对我的唠叨，反应结果也都不一样。完全可以想象，无数生长在不同家庭里的孩子们，五彩缤纷的性格，肯定也会各自大放光芒。鉴于我家孩子的各自特点和我精力的有限，我时时提醒自己：尽量少唠叨。**如果非要唠叨，就挑最重要的事情唠叨。**

什么是最重要的事情呢？哪些事情值得我不厌其烦地向孩子们唠叨呢？我下面就罗列几条，供各位妈妈们参考：

（1）我经常向孩子们唠叨要吃健康食物。我是医学生出身，深知健康的食物是保证身体健康的初步条件。没有健康，万事皆为零。孩子们在我身边时，我希望我能把他们一生的饮食习惯培养好。比如在我反复的唠叨和坚持下，我家现在从来不买可乐或雪碧这样的饮料，我的孩子们要么喝水，要么喝奶，要么喝果汁。 我相信儿时习惯喝什么饮料，长大后就会顺其自然地随从这个习惯。 我很高兴我的孩子们现在已经养成了这样的好习惯。

（2）我常向孩子们唠叨，任何失败都不是世界的尽头。 即使遭遇失败，也不要怕，不要慌张，要想办法解决。 在这样的想法支配下，当大宝和二宝考试不理想，或者小宝体操比赛失误时，我都不会怪罪他们，而是帮他们想办法，鼓励他们下次争取获得理想的成绩。

（3）注意口头表达能力的训练。 有时孩子们和我聊天，或者因为我走神，或者因为他们的声音不够洪亮，我偶尔会搞不懂他们在说什么。 每当这时，孩子们为了省事，经常会敷衍一句，never mind（算了，不说了，没事）。 孩子们觉得无所谓，我却觉得这事很重要。 我一直认为，能和他人准确地进行口头交流，并具有清晰解释问题的口头能力，这对一个人的未来太重要了。 在这样的想法支配下，每当孩子们懒得再说时，我总会唠唠叨叨地鼓励他们，说，请继续说，把这事给妈妈说明白了。

（4）注意安全。 生命是宝贵的，任何有可能伤及生命的行为，我总要和我的孩子们不厌其烦地唠唠叨叨。 比如阴天下雨大宝开车外出时，我总要提醒她小心，不要和同学们在车上嘻嘻哈哈。 小宝每次上体操课前，我都会提醒他，要注意安全，不能完成的体操动作，不要勉强，可以慢慢琢磨。 二宝放学回家时，我提醒她，如果非要步行，横穿马路时一定要注意安全。

（5）爱护牙齿。 毫不夸张地说，美国人各个都齿如齐贝。身处这样的国度里，若没有一口好牙，是件很尴尬的事情。 一旦到了孩子们该矫正牙齿的年龄，我一定要把孩子们带到牙科诊所虚心服从医生的处置。 牙齿不能再生，丢一颗少一颗，一定要好好刷牙，好好爱护牙齿。

我对孩子们最重要的唠叨就是这些。 我想，如果我能把上述这五方面都唠叨成功了，我就不用担心我的孩子们在未来遇到的风风雨雨了。 至于他们的穿衣戴帽、书桌摆放、零花钱的去向，我基本不过问。 无论多忙，我对孩子们最重要的唠叨是：我爱你！

好妈妈不人云亦云

随着网络的发展，各种教育信息狂轰滥炸，不断冲击着家长们的眼球。雾里看花，真假难辨。到底哪些信息是精品，哪些信息是垃圾？身为家长，尤其是孩子的妈妈们，一定要有自己的判断力，千万不要人云亦云随大流，带着自己的孩子在信息的海洋中左右摇摆。

二十多年前我在中国时，我心目中的美国是个充满色情、暴力、毒品的社会。我固执地认为，在美国，高中女生都未婚先孕，高中男生都尝过毒品。等我到了美国以后，我看到的情况完全不是这样。如果我不是亲自来到美国，我根本就无法设身处地了解美国社会中各种各样的真实情况。

我在新浪博客读到一篇谈美国教育的文章。对美国教育弊端的讨论，此文作者态度之肯定，让我不禁又想起了我出国前对美国的恐怖。根据此文作者的观点，美国孩子现在似乎都活在水深火热之中了，所以他们才会把自己的孩子送到中国去读书。如果中国读者误以为这就是真实的美国，那么这些读者肯定和我当年一样，对美国的认识有很大的偏差。

文章说，"在国人趋之若鹜地把不及弱冠的孩子送往美国接受教育的时候，一对跨国夫妇反其道而行之，为了让女儿接受中国的教育，举家移民中国。这是为什么呢？"如果我读到这里，我会这样认为，这对夫妻肯定在中国找到了合适的工作，然后顺理成章地把孩子带在身边，让孩子到中国读书。

可惜我读到的下文却不是这样的，据文章说，这个家庭的美国爸爸认为，美国学校不适合他孩子们的成长，所以他才让孩子到中国读书。读到这里，我又联想起那些早年的海归报道了。某某人很爱国，放弃国外的高薪和洋房，毅然决然地回到了祖国。可实际情况呢，所谓的高薪也就几万美元，所谓的洋房就是美国普通的公寓。

我只是本文的普通读者，我无意对他人的家庭生活说三道四。但我认为，你们回国就回国吧，何必把美国说得一无是处呢？美国学校再差，人家也出了很多诺贝尔奖获得者。美国教育对人类知识的最大贡献，这位家长怎么提都不提呢？

据这位家长说："我不想让女儿在美国上学最大的顾虑还不是学校，是美国文化。"这位家长还列出了三个原因：

（1）美国文化中反智主义太严重，最明显的是在中小学。大家最想当的是 cool kids（酷小孩），cool kids 都是不爱学习的。如果你爱学习，大家都认为你是 nerd（书呆子），嘲笑你，孤立你。如果你喜欢学习，成长环境很负面，一路要承受很多同辈的不认同。

（2）在美国从小就"被接触"大量毒品和性。要从小就开始抵制，而且不断有 peer pressure（同辈压力）迫使你尝试，这对于教育是很大的干扰。

（3）男女非常不平等。我特别反感美国文化从小就宣传女生要 hot（性感），要 slutty（风骚）。你看看中国十三四岁的女孩子，都穿着校服，戴着厚眼镜，很学生样。美国十三四岁的女孩子都不喜欢自己的年纪，每天化妆去学校，穿像成人一样的衣服。

读了上述的三个所谓原因之后，我不禁哑然失笑。这哪像是美国爸爸说的话？完全是某位作者闭门造车的想象吧？这篇文章主要观点的真假难辨，就连我这个老留学生和三个孩子的妈，都差点被绕进去。 上述这几个原因，完全是我二十多年前在中国听到的旧闻。 时隔多年，美国爸爸怎么还在唱着古老的歌谣呢？

根据我对美国学校的了解，上述这三个原因，基本都可以被部分或者全部否认。

（1）学习成绩好的孩子，在美国学校是被人尊敬的，别人会用"he/she is so smart"（他/她太聪明了）表示对成绩优秀孩子的赞赏，成绩特别优秀能进尖子班的孩子也是被人尊敬的。不知这位作者说的美国学校反智教育从何而来？

（2）"美国孩子从小就接触大量的毒品和性"，这句话更值得推敲。 从小就如何如何，到底是多小？ 根据我的理解，从小就是从小学开始吧。 美国小学生或者坐校车，或者父母接送，十二岁以前不能自己在家，他们根本就没有单独和谁接触的机会和可能。 除非小孩子的父母是大毒枭，否则美国小孩根本就没有接触毒品的机会。 美国孩子对性的接触程度，基本和毒品类似。

（3）"美国十三四岁的女孩子都不喜欢自己的年纪，每天化妆去学校，穿像成人一样的衣服。"这句话太不负责任了。按照这位作者的观点，美国十三四岁的女孩估计都得得忧郁症，不喜欢这个年龄的女孩子，她们还会开心吗？ 可事实呢，美国十三四岁的女孩大多笑得灿烂如花，这又怎么解释。 美国女孩有女孩专门的服装，她们穿什么服装，父母是可以把关的。 何以有穿着成人一样的衣服上学一说？ 在我看来，中国的校服太死板了，完全扼杀了少男少女爱美的天性。

总而言之，无论是关于美国教育还是中国教育，有意在网络中获得实用信息的妈妈们，一定要有独立思考的能力，千万不要人云亦云。 否则，某些不负责任的作者把你带到云里雾里时，你还以为你看到了印象中的天堂了呢。

好妈妈要文理兼备

二十多年前，我以满分的成绩通过了美国研究生院的 GRE 数学考试。当时我的同学表扬我说："嘿，你真行啊。医学生本来就不学数学，你还能考这么好，厉害！"听了同学的表扬之后，当时我真有点儿飘飘然欣欣然了。我虽是生物博士，却又偏爱文字，很多网友鼓励我，说我是文理兼备的妈妈。

到了美国以后，尤其是我的孩子们上了高中以后，我终于如梦初醒：我那点儿数学和理科功夫差远了。比如我的孩子上了初三以后，我就辅导不了他们尖子班的数学课了。在这里，我顺便简单介绍一下美国学校的数学教育。美国学校非常重视数学教育，同一年级的数学课，就被分成了三六九等。为了让孩子能挤进最高一等的数学尖子班，至少是中国家长吧，几乎家家户户都非常努力，大人辅导孩子学数学，直到分班考试孩子进了数学尖子班以后，大人和孩子心里的那块石头才能落地。时常听国人说，美国人数学不好，如果没有计算机，商店收款员连找钱都不会。这种状况确实不假，但这种消息也会使人误以为美国人数学都不好。简单地说，正因为收款员数学不好，他（她）才当了收款员，数学好的美国人都干高科技去了。

等我的孩子们都进了数学尖子班以后，我才明白，美国高中数学的尖子班，比我当年在中国高中学的数学难多了。比如在对付高二的微积分预科时，我家大宝和二宝全都觉得吃力，考试成绩也不理想。 这下我着急了，我想辅导她们，却不知从何下手。 而我家孩子班上其他的中国同学，他们的父母都是美国的理科精英，在爸妈的亲自辅导下，理科父母的孩子学微积分就很轻松。 比如一位中国妈妈就曾告诉我说，她女儿之所以数学课能得 A，全是她辛苦辅导的结果。

想起自己多年前的数学成绩，我也想向这位中国妈妈学习，我也试图拿起数学课本，试着辅导孩子学学微积分，只可惜，虽然我在中国大一那年学过微积分，但因为多年不用，我早就把它忘到九霄云外了。 如果我想辅导孩子，我就得和她们一样重新学一遍。 即使我想学，即使我想帮她们，也肯定来不及了。 一看这架势，我只好找家教辅导孩子了。 家教再好，也不如家长亲自辅导方便。 于是我不禁感慨道，好妈妈理科要好！

在孩子们小的时候，我经常带他们去图书馆借书，让他们大量阅读，我也让他们写日记提高文字表达能力。 在中小学期间，我家的几个孩子还算不错，不仅英文成绩全 A，在区统考时，二宝的英文考试还能得满分。 一时间，我又有点儿沾沾自喜了。 等孩子们上了高中以后，选修了英文最高级的课程时，得 A 就不那么容易了。 尤其是当我看到我家二宝天天忙着写文史作业，我真想帮她一把，哪怕是帮她找找资料也行啊。 可惜，我虽然理科专业英文还可以，但对文史哲艺术类的英文还欠火候。 即使我想帮孩子，我的能力也不够。 于是我又不禁感慨道，好妈妈文科要好！

感慨归感慨，现实归现实。 做个文理兼备的好妈妈，谈何容易？ 比如我吧，我实在不爱再学数学和物理了，如果孩子实在需要辅导，我只好找家教帮忙了。 至于文科，我却可以试一试。 我目前在美国大学修文学课程，我之所以这样做，其实怀着一个小秘密：大宝和二宝我已经没机会辅导她们了，但我可以用我学到的文科知识，辅导我家的最后一个孩子小宝同学。

以我本人的经历，我尤其主张妈妈们尽量多学些人文类的非理科知识。 因为我们和孩子在生活中随意交谈时，论述哥德巴赫猜想，或者阿基米得原理，一定特别枯燥无味。 只有当我们的人文知识真正丰富起来时，我们才能引导孩子讨论人生观和各种思想状态。 这一点，台湾的龙应台教授就值得我们这些妈妈们学习。 和她相比，我们每天和孩子们说的话基本就是婆婆妈妈，根本就没有什么思想火花。 即使我们这些妈妈不会像龙应台那么优秀，至少我们可以以她为榜样，能和孩子们有些高层次的思想交流。

好妈妈要文理兼备，这是一种理想状态，估计大部分的妈妈都做不到，我本人当然也做不到，我还在继续努力学习中。 虽然如此，妈妈们要不断充电，不断学习，即使不为自己，哪怕只是为了孩子，也是大有益处的。 因为在学习的过程中，妈妈的知识结构和育儿观会在阅读的潜移默化下有所更新和进步。 哪怕不用读育儿书，哪怕不听专家们的指点，关于孩子教育，和时代同步的妈妈们心中会自有衡量。

莫做失职的家长

不久前读了一篇海外华人家庭的新闻，读罢我的内心非常受震撼。据报道，温哥华一名 28 岁华裔女子梁芷华被控涉嫌二度杀死及丢弃亲生婴儿，被控两项二级谋杀罪。检控官在庭上指出，被告因害怕双亲查到她怀孕，所以在家中浴室秘密产子。被告母亲在庭上作供时称，在丈夫于屋外发现首个婴儿尸体时，她没发现女儿的身体或心理有什么不同。梁母继续表示，她和丈夫有时一周 7 天都上班，除了圣诞节假期，一般日子在晚饭时间外，基本上少有与女儿沟通接触的机会。梁母亦表示不清楚女儿平时和谁一起外出，也没见有把男孩子带回家。

这篇新闻之所以让我感到震惊，是因为我从中读到了一丝无奈和恐惧。无奈的是，很多海外移民家长为了全家人的生存，每天确实很忙，的确没时间和子女有很多情感沟通，就像新闻中的梁父梁母一样。恐惧的是，如果我们对孩子的教育不得要领，对孩子的内心想法不甚了解，等孩子出了大事时，一切都是悔之晚矣了。

从这篇新闻中，可以看出一个明显的事实：自以为犯了错误的孩子，不敢把错误的后果向父母表达以寻求帮助。据我所知，这样的中国孩子不计其数。以我自己为例，我不敢肯定我的孩子凡事都百分之百向我和盘托出，但我在日常生活中，经常会明确提醒我的孩子：妈妈是你的朋友，妈妈是你的帮助。无论你遇到什么困难，一定要告诉妈妈，妈妈保证不向你吼。

在孩子走向社会以前，他们在学校里遇到的最大困难是什么？我想无非主要是两件事吧，一是学习成绩，二是交友问题和可能的早恋。

关于学习成绩，我家的三个孩子都遇到过困难。大宝上大一时，有一次化学期末考试她得了个D。老师公布成绩那天，当我站在她的身边，看她在网上核实成绩时，她眼泪汪汪地不知说什么才好。这个D让大宝非常难过，说明她重视成绩，这就是好兆头。孩子没考好，肯定不是她故意为之，天下的学生谁不想得A呢？她得了D，这说明或者她能力不够，或者她精力不够，或者她的能力和精力确实让她根本就不是得A的学生。不能得A固然不值得提倡，但化学得了D，肯定也不是世界的尽头，只要没有特别的意外，大学毕业还是没问题的。这么一想，我没有任何理由向她吼叫，只是提醒她以后努力，争取其他成绩得A，把总分扳回来就可以了。

对我家孩子而言，化学似乎是块难啃的硬石头。二宝上高二时的期中考试，她的化学也得了D。这怎么可能呢？记得上次开家长会，二宝的化学老师明确告诉我，二宝是个能得A的学生。只过了两个月，二宝的化学成绩就出现了如此大的震荡，说实话，我真有些接受不了，二宝更是难过得泪流满面。看到二宝的这个D之后，我尽量让自己平静下来，我的心情也开始出现转机。孩子学习遇到困难了，我不能再火上浇油，而是要想办法帮助她。经我仔细询问，二宝告诉我，他们班上的大部分学生都是C和D。因为老师是外国人，有的孩子抱怨老师讲课时有口音，老师对一些问题解释得不清楚，就连他们班上志在哈佛的印度男孩，也仅得了个C。听了这些细节之后，我决定和老师聊聊，了解一下问题到底出现在哪里。在整个过程中，我没向二宝吼一声。

对孩子的学习成绩，我基本抱着既紧张又宽松的态度。考试以前，我要提醒他们在精神上要重视考试，要好好准备考试。等到成绩出来之后，无论他们的成绩如何，我都会坦然接受。如果成绩好，当然要鼓励和表扬孩子。如果成绩不理想，我当然要提醒他们继续努力，争取下次考好。我想只有这样，我的孩子才不会怕我骂他们没考好，他们才不会自卑，更不会觉得自己不行。

上面说完了我对孩子学习成绩的态度，下面我来说说我对他们交友的看法。小孩子喜欢热闹，喜欢交朋友，这是毫无疑问的。我们不是苦行僧，我们都是喜欢食人间烟火的俗人，我当然会鼓励孩子们交友。只要是孩子的合理交友要求，我基本都会答应。比如小宝参加别人的生日聚会，大宝和二宝和朋友一起去看电影，甚至是逛商店，我基本都不阻拦。在这一点上，我给孩子提供了基本的自由，因为每次活动几乎都是我去接送的。

尽管我不反对孩子们交友，但我的孩子们都明白一个道理，家庭第一。比如孩子们的交友活动和家庭活动在时间上有冲突时，我的孩子都能首先服从家庭。2013年圣诞节期间，我要去美国德州参加我就职单位的一个聚会。本来大宝约好要和同学们出去玩了，听了我的家庭计划之后，大宝毫不犹豫地推掉了朋友的请求，和我们一起高高兴兴地去了德州。

我的孩子现在就能把家庭放在第一，这让我很欣慰。我年轻时，就没有我家大宝觉悟高。当年为了和爱凑热闹的狐朋狗友出去玩，我经常把期待我留在家里陪陪他们的父母丢在身后。在孩子的成长期，父母和子女尽量多在一起的好处是能建立亲密的亲子关系，父母在随意的聊天中，可以了解孩子的内心想法和对未来的梦想，家长也可以把自己的教育理念不知不觉地渗透在亲情中。如果家长以高高在上的面孔对孩子发号施令，怎会有亲密的亲子关系呢？因为孩子的天性是喜欢自由的，为了迎合孩子的自由天性，我们最好以宽松的方式进行亲子教育，而不是非要摆出家长的权威面孔出来。寓教于乐，还是有道理的。

现在我想说说本文开始提到的加拿大华人家庭悲剧。据我这个旁观者来看，这个家庭的主要问题是，他们一家人没能在忙碌的移民生活中建立紧密的亲子关系。28岁的女孩，已经是成年了。在这个年龄，女孩不仅不能为自己的生活做主，而且她还怕父母骂她怀孕了。这种家庭状况至少可以反映几个问题，一、父母对子女大概管得过于严厉，否则，梁姓女子不会怕父母骂她。二、子女缺少合理的判断能力。在加拿大这样的法治国家，梁姓女子怎会不明白杀婴和杀人的相似之处？三、最重要的问题是，这个家庭缺少基本的亲子互动。梁姓父母居然不知道自己的女儿在和谁交往。这样的父母真的很失职。任何忙碌，都不是借口。

毫不夸张地说，在任何家庭，孩子都是父母一生的事业。孩子年幼时，我们关心孩子的健康和成长；孩子上学时，我们关心孩子的成绩；孩子走向社会时，我们关心孩子的工作和家庭。为人父母者，如何好好经营这份事业，是门既简单又复杂的大学问。在我看来，紧密的亲子关系是赢得这份事业的最重要因素。而建立这种健康的亲子关系，靠的是父母对孩子的爱、理解和支持。无论风吹雨打，父母都应该是孩子最可靠的避风港。我们应该做爱心满溢的父母，切莫做不称职的爸妈。

第二课 2
LESSON TWO

家庭教育的核心内容

毫不夸张地说，家庭教育是一个长期的系统工程。在点点滴滴的日常生活中，培养孩子的孝心和爱心，让孩子在困境中经受挫折学会吃苦，并具备一定的社交能力，是我们家长最基本且又非常重要的职责。当我们抱怨孩子不能吃苦时，我们应该反问一下自己：我们给孩子创造吃苦的机会了吗？当我们抱怨孩子没有爱心时，我们更应该反思一下自己的家庭，孩子孝敬父母吗？因为孝敬父母是孩子最基本的爱心，一个不孝敬父母的孩子，怎么能指望他（她）对陌生人有爱心呢？当孩子的精神世界与我们的期待相差甚远时，我们到底应该通过何种方式，才能给孩子建立一个健康的精神世界呢？在这一课里，希望我们能找到一些可能的答案。

吃苦教育

现在的孩子们几乎是生长在蜜罐里，他们不愁吃不愁穿。尤其在美国，孩子们上下学都是车接车送，风吹不着，雨淋不到，我在美国翻来覆去地找，确实很难找到能让孩子们吃苦的锻炼机会。好在中美互补，美国没有的机会，中国肯定会有。去年夏天回国，我的孩子们就在国内经历了吃苦训练。

在我们居住的北京远郊，交通不是特别方便，即使去地铁口，我们都要先搭上公共汽车挤上一阵子，然后才能到达颐和园的地铁口。刚回国时，我心里不禁犯嘀咕，习惯在美国天天坐私家车出行的孩子们，能挤中国的公共汽车吗？他们能习惯中国乘客间人挤人的近距离接触吗？

带着满腹疑问，回国第二天，我就把孩子们带上了北京的公共汽车。夏日的北京，奇热无比，孩子们刚上车，就已经是满头大汗了。我们乘坐的公共汽车上并没有空调，我的孩子们首先要经受的就是耐热训练。那一天，北京的天气实在是太热了，小宝头发上都挂满了一滴一滴的汗珠。我一看，一阵心疼。"要不咱们下一站打车去？"我试探性地问小宝。懂事的小宝听罢对我微微一笑："没事，妈妈，我们不用坐出租车。"

通过这件事，我知晓了一个道理。其实孩子的耐力常常超出我们的想象，作为家长，只要我们给孩子提供一些吃苦的机会，他们是能够承受的。 也许是溺爱心理，也许是我们的生活太舒适了，大部分家长都舍不得让孩子"遭罪"。 其实正是这种所谓的"遭罪"训练，才能锻炼孩子们的心智，让他们从小就明白生活本身并不总是舒适的。 这样他们以后遇到困难时，才不会一蹶不振。 古人所说的"劳其筋骨，苦其心志"应该就是这个意思。

虽然我的孩子们都长着一副中国面孔，但他们在美国出生长大，骨子里都浸透着很多美国人的习俗。 在美国，绝不会有像在中国那样的人挤人现象，尤其是在北京的公共汽车上，何止是人挤人，简直就是人贴人。 在这样的交通环境中，孩子们能适应吗？

我的孩子们入乡随俗的能力实在超出了我的想象，这次我又多虑了。 通过观察，他们自己就已经发现人贴人是北京公共汽车上的一道独特风景。 身在其中，被别人贴一下，或者贴一下别人都属正常。 在这样的心态支配下，对我的孩子们而言，在北京乘坐公共汽车，绝不是什么难事。 设想一下，能够在拥挤的北京公共汽车上如鱼得水的孩子们，他们还怕去世界其他地方旅游吗？

就这样，我们在北京逗留的大部分时间，全靠公共汽车和地铁解决出行问题。 即使去长城这样的远郊热门景点，我们也是靠公共交通工具出行的。 以前回国，我们经常有亲友护驾周游各地，简直是太舒服了，但也太麻烦人了。 去年回国，除非是特别紧急的情况，我们绝不轻易麻烦亲友。 潜移默化中，孩子们也从中学习了不轻易打扰别人生活的习惯。

让孩子们在北京吃苦锻炼的结果是，无论去哪里，往返的时间都特别长。 刚到北京时，小宝一下子就爱上了北京前门的"李先生"面馆。 遗憾的是，从我们的住地到这个面馆，要坐公共汽车，倒地铁，只一个单程，就要耗时两小时。 如果在美国，耗时两小时我们可以从华盛顿开到费城了。 中国特色的拥挤和耗时，在小宝吃面这件事上得到了最直接的印证。 每次吃面，我们来回在路上就要四个小时！ 在这段时间里，我的孩子们用好奇的双眼看到了北京普通百姓最普通的一面：挤车，排队，加塞儿，叫卖，小摊，报亭，乞丐。 在美国，我们总想对孩子进行艰苦朴素的教育。 我们生活在美国郊区，生活相对单纯简单。 我们在美国找不到的吃苦机会，在北京似乎是司空见惯的事情。 在短短的几周内，回国挤车的吃苦锻炼，已经让我的孩子们越来越习惯了。

通过回国挤公共汽车这件事，我想表达的中心思想是，只要家长不娇惯孩子，有意让孩子吃些苦，孩子对艰苦环境的适应力会是出乎意外的强大。 当我们抱怨孩子不能吃苦时，我们应该反问一下自己：我们给孩子创造吃苦的机会了吗？ 蜜罐里的甜娃娃怎能体会到街上行色匆匆的苦涩和艰难。

情商教育

何为情商？ 如果到网上查查或者翻开某些教科书，我们一定能找到关于情商的定义。 在我看来，情商就是和人类一切情感有关的智慧。

总听教育界的人士呼吁，要在中国的中小学开展情商教育。这样的呼吁，出发点是好的，但在有限的课堂上开展情商教育，难免会流于形式和假大空的作秀。 记得我在网上看过一张照片，在某年的母亲节，某学校为了开展情商教育，让全校同学的妈妈都集中坐在操场上，然后让这些妈妈的孩子们给她们洗脚。把情商教育集中在一个母亲节里，收效如何，令人怀疑。

人类的情感有多方面，亲子之情，朋友之情，同事之情，夫妻之情，邻里之情等等，都是人类的情感。 感情是个很微妙的心灵体验，感情不能靠突击式的教育达到升华，感情需要润物细无声的栽培。 所以说，培养情商，不能完全靠学校狂风暴雨式的突击，培养情商，要从娃娃抓起，而孩子的父母就是子女情商教育的第一任老师。

我认为，家庭中的情商教育需要爱心和感恩之心作内动力。我很难想象，一个没有爱心的人会有高情商，我也很难想象不孝顺父母的人会有什么高情商。 在现实生活中，情商高的人，与任何人相处都会如鱼得水。 情商低的人，行走于人世间，几乎要处处碰壁。 所以说，情商教育，确实很重要。

以我个人为例，我就做过低情商的蠢事。 二十岁那年的大学暑假，为了和当时的男友出去玩，我居然狠心地拒绝了我姐姐的求助。 夏日的一个中午，我姐家不到一岁的女儿在床上乱爬。 怕孩子掉到地上，我姐让我帮她看一会儿小孩。 只需五到十分钟，我姐姐就可以忙好其他的事。 楼下是男友，家里是哇哇哭的婴儿，面对姐姐的请求，我的反应如何呢？ 我的选择居然是拒绝姐姐！ 很多年后，尤其是我做了母亲之后，这件事让我非常后悔。 是自己的情商不够，才让我做出这样错误的选择。

与我相比，和我当年同龄的大宝情商就比我高。 同样是二十岁，同样有男友在等待，如果我家有集体活动，大宝就会选择和自家人在一起，随后再去找男朋友玩。 大宝的做法，令我欣慰。 我不敢夸口说我对孩子的情商教育如何如何好，我只是认为情商较高的孩子，做事得体，让人喜欢。

情商教育不是空中楼阁，情商教育就在家里。 前面我说过，家庭中的情商教育需要爱心和感恩之心作内动力。 所以说，家长对孩子一切与爱心和感恩之心有关的提醒，都属于情商教育的范畴。 比如说，教育孩子孝敬长辈；提醒孩子和小朋友和谐相处；对爸爸妈妈的辛苦知道感恩；对自己不浪费，对朋友不吝啬；客观认识他人，让孩子们从小就知道人无完人，不要轻易抱怨别人；遇到任何性格的人，都要尽量学会和他（她）相处；教师周或者圣诞节，支持孩子用小礼物感谢老师；培养孩子的口头表达能力，学会说话得体，不用言语伤人。 对孩子诸如此类的提醒，我认为都属于情商教育的内容。 从小做起，从小事做起，有什么样的家庭气氛，就会有什么样的孩子。

虽然说情商教育主要在家庭进行，难道说，情商教育和学校就没有一点儿关系吗？ 当然有了。 尤其是美国学校的情商教育，或许值得我们中国学校借鉴。 首先，美国学校并没有特别设立的"情商教育"课，学校更不会邀请全校的妈妈到学校让孩子们给妈妈们洗脚。 美国学校的情商教育，也遵循着"润物细无声"的原则。 比如在平常的日子里，老师会提醒学生们，和同学们要学会分享（share），轮流（take turn）使用某种玩具等；每个同学都是独特的（unique），不要嘲笑任何人；说话注意，不要伤害同学（do not hurt his/her feeling）；父亲节和母亲节，让学生给父母制作节日卡片；情人节，全班开 party，同学们互送贺卡。 靠着学校这些点点滴滴的情感教育，爱心和感恩之心会慢慢扎根于孩子们的心底。

担心自己孩子情商的家长们，当然也包括我自己，要经常反思并问问自己：身为家长，我们自己的情商如何？ 自己和同事朋友邻居相处得如何？ 身为家长，如果我们的情商就不高，千万别去瞎指点孩子。 家长先改正自己，提高自己的情商之后，才会知道该怎么提高孩子的情商。

孝心教育

在《论语》里，孔子提出了"仁"的概念。简言之，"仁"就是爱他人。而组成"仁"的具体内容之一就有一个"孝"字。在《圣经》中，也有子女要孝顺父母的教诲。所以无论从哪种文化来看，"孝"在一个人的品性培养中占据着非常重要的位置。

现在的中国孩子大多是独生子女，父母对孩子几乎都是百呼百应的。父母给孩子当牛做马还差不多，让孩子孝顺父母几成奢望。《红楼梦》里也哀叹着："痴心父母古来多，孝顺子孙谁见了？"如果我们这些做家长的甘心让《红楼梦》里的这段哀歌来预言我们和子女的关系，我们养儿育女真是个亏本的买卖。

去年我回国时，听到一个让我心痛万分的真实故事。有一天晚上，我在北京某地铁站等出租车。因为人多车少，我只有挤上黑车才是王道。可惜，我一人带两个孩子，上任何黑车都会让我心惊胆战。就在寻寻觅觅之时，一位女出租车司机向我走来："跟我走吧，我包你安全。"借着昏暗的路灯，我看这位女司机确实长相面善。好，那就跟她走吧。凭着直觉，我们三个上了女司机的黑车。

一路上，女司机和我聊她的工作和生活。说到无奈之处，她叹口气说："唉，我都快五十岁了，大晚上出来拉人，就是为了躲避我儿子！"怎么会这样呢？ 我百思不解。 女司机见我好奇，耐心为我解释道："我儿子上大学找了个女朋友，我们不同意，这孩子就和我们闹。 暑假了，他必须要回家住，我和他经常为这事争吵，有时候这孩子还和我动手。"故事听到这里，我简直听不下去了。 都到了谈恋爱的年龄了，这个男孩对妈妈居然这样凶，即使你能娶个天仙，又能怎样呢？ 不孝子！ 毫无疑问，我对故事中的这位儿子非常鄙视。

也许你会说，妈妈干预儿子的恋爱不对，儿子对妈妈态度凶是情有可原的。 我年轻时，总觉得长辈不如自己有智慧，自己一切都看得准。 后来的事实证明，父母对孩子生活上的一些教诲是有道理的。 比如这位开出租车的妈妈继续说："我反对我儿子的对象，是有原因的。 他那对象，没礼貌，不懂事。 有时候他俩打架时，这女孩居然夜里两点给我打电话哭哭啼啼，让我给他们评理。 你说说，我要是找个这样的儿媳妇，我以后还会有个好？"唉，真是闹心。 刚开始时，我以为司机的儿子不孝，现在我又觉得这司机儿子的对象也够呛。 稍微有点儿孝心的女孩子，即使天要塌下来了，也不会半夜三更轻易惊动长辈的。 这两个 90 后，对父母都不行。

由于独生子女政策，估计大陆有不少孩子像司机的儿子一样，凡事以自我为中心，不为父母考虑，还动不动就和父母叫板。 这样的孩子，很让人生气，也让人心疼。 也许是因为父母教育不妥，他没学会如何和父母沟通，也不知道该怎样用最简单的方式孝敬父母。

在我看来，孝敬父母也要从小事做起。 周杰伦唱过一首非常好听的歌《听妈妈的话》。 这首歌表达的一个主题就是孝顺妈妈。 周杰伦自称这首歌如同自传。 2006 年，此歌入选台北教育大学附属实验国民小学一年级教材，入选理由是其歌词有潜移默化的教育意义。 据悉，周杰伦四岁开始学琴，每天练琴非常枯燥，他小时候非常羡慕别的小朋友可以玩，他怪妈妈对他要求太严。 长大以后，周杰伦终于明白了妈妈的苦心，他用这首歌表达了对妈妈的愧疚和感激之情。 周杰伦的成长故事告诉大家，孝顺妈妈的最简单方法就是"听妈妈的话"。

身为母亲，在养儿育女的经历中，我深知一个无法回避的事实：妈妈们不是神，妈妈们不可能事事都对，让孩子完全听妈妈的话，说不定会养出一个完全没有主见的应声虫，这样的孩子也会有盲目顺从之嫌。 如果仔细想想，**母亲并不只是给孩子做饭穿衣的保姆，如果想做一个让孩子心服口服有智慧的妈妈，这事真的很难。** 上面提到的女出租车司机，就是一位和孩子无法进行有效沟通的妈妈。 妈妈怨孩子不孝，孩子怪妈妈不理解他。拉锯扯锯，妈妈和儿子的心都被锯成了碎末。 我这个外人看来都觉得心痛。

我家的几个孩子都很有主意，他们若是和我理论起来，我家的动静也不小。 尤其是我家二宝，她本人想的各种问题都比较深刻，对事情的取舍也有自己的看法。 最简单的例子之一是，冬天特别冷的时候，我让她多穿些衣服，就是这样的小事，她有时候都要和我反抗一番。 我怕她感冒，她却不觉得冷，我们冲突的焦点最后就变成了这样：二宝嫌我啰唆，我怪她不明白妈妈对她的一番苦心。 经过多次的小冲突之后，有一次，我和二宝商量："Obey mom first then debate, how about that? （先服从妈妈，然后再和妈妈理论，如何？）" 二宝毕竟是好孩子，看我真为她着急，她也心软了，欣然表示可以接受这样的建议。 显而易见，听妈妈的话，是孝顺；不和妈妈争吵，也是孝顺。

如果从妈妈延伸到所有的长辈，先让孩子从孝敬妈妈做起，然后学会孝敬所有的长辈。 我们中国人讲究礼仪，我也不例外。 有时候，总觉得自己对长辈做得还可以，但在长辈眼里，我做得却远远不够。 我受到委屈时，自己会暗自流泪；那我的孩子受到委屈时，该怎么办呢？

有一年回国，我们和亲友在北京的一家高档饭店聚餐。 那天除了家人，席间还有两位身居要职的朋友和我们一起聚餐。大家吃喝过后不久，终于到了小辈给长辈敬酒的关键时刻。 我家二宝人见人爱，小小的她，马上被长辈拉入了给陌生人敬酒的行列。 二宝虽然不能用中文准确表示她的不情愿，但知女莫如母，她的叹息，她的着急，我看得清清楚楚。 此时此刻，我也为难了。 我的一边是深知国内敬酒礼仪的国内亲友，另一边是根本就没到美国喝酒合法年龄的二宝。 我到底该怎么办呢？

为了尊重孩子，我没吱声，我本想让二宝自己和亲友表明态度：美国孩子不允许喝酒，美国普通百姓也不敬酒。 可惜二宝无法用中文准确表达这个意思，她用英文讲，亲友又听不懂。本来是热热闹闹的聚餐，气氛忽然变得紧张起来了。 亲友尽量压制心中的不满，一再指出二宝不懂礼貌需要严加管教。 唉，可怜的二宝坐在一边委屈得眼泪汪汪，在亲友面前她又几乎成了小罪犯。 我见状不好，也赶紧想办法补救。 最后我和二宝悄悄达成协议：只给眼前的亲友敬酒，对陌生人，不敬了！

总算结束了这顿饭，回到家，二宝委屈得几乎是泣不成声。我心里虽然很心疼她，但也表扬了她的忍耐。 我告诉她，不和长辈争吵，不让长辈难堪，是孝顺长辈的具体表现。 虽然你很难受，但你做了一件孝顺长辈的好事。 别哭了，好孩子！

子女孝顺长辈的方式有很多种，比如给长辈买礼物，对长辈嘘寒问暖等等。 在我看来，无论什么时候，无论谁对谁错，不和长辈冲突，不伤长辈的心，才是小辈的大孝。 孝顺父母是孩子最基本的爱心，一个不孝顺父母的孩子，怎么能指望他（她）对陌生人有爱心呢？ 当我们总说要培养孩子爱心的时候，我们先问问自己：孩子对父母的孝心如何？ 一个连父母都不孝敬的孩子，怎能期待他（她）对别人会有爱心？

社交教育

　　去年圣诞节，我们一家去美国德州的休斯敦探亲访友。 在返程回家前的最后一个周日，朋友把我们一家带到了他们常去的华人教会。 进去一看，我发现这个华人教会的规模真大呀。 若用"熙熙攘攘"来形容前来做礼拜的华人，真的一点儿都不过分。 站在陌生的环境中，我自己都有些找不到北。

　　想不到，面对陌生的环境，跟我们前来的小宝却一点儿都不怯场。 不用我提醒，也不用我护送，他自己上楼，找到这个教会四年级的教室，走进去自我介绍一番，然后他就有模有样地坐在教室里，和他完全不认识的休斯敦华人孩子们一起上主日学了。

　　小宝对新环境的适应能力，很令我欣慰和惊讶。 记得我们刚从圣路易斯搬到巴尔的摩时，小宝可不是这个样子。 那时候我去教会听牧师讲道，很想把小宝送到教会的儿童班，可他就是不听话，非要和我粘在一起。 考虑初来乍到，我开始时就迁就了他。 几个月后，我再次坚持让小宝自己去儿童班。 当时他心里虽然很不情愿，但还是勉强去了。 几乎是一眨眼的功夫，这么一去，就是近六年的光景。 不知不觉中，小宝在华人教会里已经六年了。 只要是和教会有关的活动，他都会如鱼得水。 既然去休斯敦教会他没问题，我可以乐观地估计一下，以后小宝即使去莫斯科教会，估计也没问题。

小宝的经历和变化，让我懂得一个道理：只要大人路线对头，孺子可教也！很多家长大概有这样的想法，如果自己的孩子不爱和人打交道，那一定是孩子性格腼腆害羞吧。既然学习这么忙，只要孩子能好好看书，那就随他去吧。久而久之，腼腆的孩子会越来越腼腆，害羞的孩子会越来越害羞。尤其是当家长把自己的这种主观看法暗示给孩子时，孩子索性就"闭关自守"了。

我可以肯定地说，家长这样做不行！尤其是如果孩子想出国留学，这样的孩子更不行。美国人是天生的话痨，不会和人聊天的美国人非常罕见。在这样的环境中，社交能力很差的孩子很容易被边缘化。而且人活在世上，无论他多么清高，也一定是要和人打交道的。即使在中国，和人打交道的能力也非常重要。和同事相处，向上级汇报，哪个环节不需要基本的社交能力呢？当孩子离开家长的保护，腼腆和害羞的孩子要怎么在社会上闯荡？

为了生存，为了更好地适应这个社会，即使是腼腆的孩子也要努力，家长更要创造机会，培养孩子的社交能力。这种社交能力不是溜须拍马，而是和人交往时必备的基本素质。无论是和熟人还是和陌生人，谈吐得体，微笑自信，说话清晰流利，开口不出恶言等等，是这种能力的外在表现。

我们作为海外游子，在美国没有太多的社会关系，更没有可以随时串门的亲戚探访。即便如此，我们也会创造机会，让孩子们出去见见世面。有一次，美国的一家医院让我丈夫去面试。这家医院非常人性化，在面试安排上，他们特意提出，欢迎孩子和太太一同来医院看看。这真是个好机会呀。我想都没想，立刻打算让孩子们和爸爸一起去面试。

在面试那天的当晚，我的三个孩子和我们一起，与这家医院的院长和夫人，还有人事科主任和他的家人，一起共进晚餐。美国人对孩子非常照顾，这家医院的院长不仅走出席间，为孩子们介绍菜单，还和他们聊孩子们的话题。什么电影啦，什么音乐啦，什么游戏啦，孩子们和院长聊得非常开心。平时我们的工作和学习都很忙，没有机会检验孩子们的社交能力，在这次晚餐上，当我听到大宝、二宝和小宝都能对他人的提问作出礼貌的回答时，我非常欣慰。 尤其是当我听到和我们就餐的美国人表扬我的孩子时，我更是开心。

总体来说，和美国孩子相比，我们中国孩子性格偏内向。这和我们从小接受的教育和文化习俗有关，我们本没有必要妄自菲薄。 但美国孩子个个都特别会说，和这些美国孩子在一起，咱们中国孩子若不善言辞，这肯定也不行。 作为家长，我们没理由埋怨孩子，只能鼓励孩子大胆讲话，帮助孩子提高和人交往时的表达能力。

什么样的孩子爱说？ 什么样的孩子讨人喜欢？ 毫无疑问，自信的孩子愿意发言，自信的孩子讨人喜欢。 所以要想让孩子爱说，首先要培养他的自信心。 一提"培养"两字，我们就会想到一本正经的说教式教育。 其实无论是哪种能力的家庭培养，大多在日常生活的点点滴滴之中。 比如孩子提个建议，你马上就否决了，这样的孩子会自信吗？ 再比如孩子考试没考好，家长的批评马上就铺天盖地了，这样的孩子会自信吗？ 所以说，培养孩子的自信心，不一定需要家长一本正经的说教，只要家长的言行不和孩子的想法经常冲突，对提升孩子的自信心肯定大有好处。

有了自信心，再有了合适的社交机会，孩子和人们打交道的能力一定差不了。 对我家的三个孩子，我不敢肯定他们未来的社交能力会多么优秀，但我至少在思想上非常重视在这方面培养他们。 为了让我的孩子们更自信，我会尽量鼓励他们的各种想法。 即使我的想法和他们的不一样，我也会耐心解释我的理由，尽量让孩子们口服心服。 为了给孩子们创造社交机会，对小朋友们的生日聚会等，只要我们接到邀请，我都让他们参加，而且我还会让孩子自己为他们的朋友选择礼物。 我希望我的孩子们能理解我的一番苦心，更希望我的孩子们将来不要因社交能力不行而受挫。

信仰教育

关于信仰，许多著名中外作家都有过论述。早在 1936 年，老作家萧乾就在他的自传体散文《忧郁者的自白》中，简述了宗教教育对中外儿童的影响："宗教给予外国儿童的原是信赖，勇敢，在中国，他们散播的却是一种原始的恐惧。在我小心坎上，撒旦和阎王是没有差别的，他们同样让我窘促得不敢前行。"

或许正是由于作家所讲述的这种原因，你要让中国孩子接受上帝确实很难。加之带有宗教色彩的世界文学作品对中国读者的影响，无论是中国的家长都还是中国的孩子，都很难接受上帝。举一个最简单的例子就可以说明这个问题。比如中国读者熟知的世界名著《牛虻》中的男主人公，他从信基督最后变成了反基督，并和他的牧师生父一刀两断，而牛虻又是让我们敬仰的英雄。如此这般的阅读教育，怎不会让我们对宗教无所适从？如果再把《红与黑》中杀人的神学院学生于连也摆在审判台上，人们对信仰的怀疑会更加根深蒂固。

需要指出的是，无论你怎样怀疑宗教，信仰的力量已经被无数名人高声歌颂过。法国作家雨果指出："信仰是人们所必需的，什么也不信的人不会有幸福。"最近，大块文化出版公司董事长郝明义先生在林书豪的传记书《林书豪：我的梦想可以复制》的推荐语中说："……工作之道……就是如何突破逆境，突破困境。 如何突破困境，大家总爱寻找各种方法。 可是方法再多，都比不上有一个信仰。 很多人在年轻时都相信自己身体的力量、聪明的力量、知识的力量，要到人生历练过一定程度后，才体会到为什么需要一种信仰的力量。 事实上，信仰的力量才是启动其他力量的钥匙。"

也许真的如郝明义先生上述所言，我本人确实是经过了生活和学业事业的历练和困惑后，才走近了宗教的大门。 美国教堂众多，华人教会也层出不穷。 身处这样的宗教环境中，在我来到美国 17 年以后，我最终接受了我的信仰，似乎是水到渠成的事。 由于我个人信仰的困惑，直到 2007 年我才开始有规律地去美国华人教会。 而此时，我家大宝因为转学的不适，每日忙忙碌碌，她确实没有太多的时间和精力去教会接受信仰教育。 和她相比，二宝和小宝两人都是在十岁以前就开始常规地去教会参加主日学学习，对他们而言，信仰教育的影响非常显著。 特别是在我成为美国华人教会的活跃会员以后，我的孩子们也步我后尘，尤其是二宝和小宝，他们更是从小就欣然接受上帝的教诲，这真的令我感到欣慰。

除了美国学校和家庭教育，在我的孩子们成长过程中，信仰教育绝对不容忽视。 信仰教育看似来自教堂，但它与家庭教育的关系非常密切。 比如说，如果家长不把孩子带到教堂，孩子就不会有信仰教育。 所以说，信仰教育是家庭教育的外在延伸形式。 重视信仰教育，我家如此，其他华人家庭也如此。 不久前，我们有幸拜见了美国休斯敦华人名医丰建伟博士。 在交谈中，我们得知，他们一家人都是虔诚的基督徒，平时他们都是根据《圣经》中的教义教导子女的。 看到他的一双儿女彬彬有礼、谦卑虚心的气质，我仿佛看到了神国的天使。

有一次，我们教会华人牧师布道的题目是"如何教育子女"。 一看这话题，我不禁想起了《圣经》中的一段教诲。 如我所料，牧师明确地告诉大家，只要服从《圣经》中的教义，就能解决在子女教育中可能发生的各类亲子问题。 这段经文如下："你们作子女的，要在主里听从父母，因为这是理所当然的。 要孝敬父母，使你得福，在世长寿。 ……你们作父（母）亲的，不要激怒儿女，却要照着主的教训和劝诫，养育他们。"

上面这段经文，对我触动最大的一节是，"你们作父（母）亲的，不要激怒儿女"。 很多时候，我们作家长的，总觉得自己的一切都是对的，只要孩子不服从自己，我们就会把缺点和错误全都自动地归到孩子的头上。 我们没耐心听孩子的解释和申辩，我们觉得自己仿佛像神一样完全正确。 当我们把自己的意志强加给孩子时，我们让孩子们伤心，哭泣，甚至让他们发怒。在这样的时候，我们是否会反省自己？ 我们是否会站在孩子的角度为他们考虑？ 我们把孩子弄哭了，我们是否有责任？ 是否一切的错都是孩子的问题。 诸如此类的思考，总会随着这段经文漫布在我的脑海中。 不要激怒儿女，有话好好说，这是我经常提醒自己的两句话。 信仰教育对孩子和家长同样重要。 只有家长和孩子都服从同样的信仰时，彼此的心灵沟通才有确实的依据。 信仰不是装样，而是真信之后的安心顺从。

挫折教育

今年的美国东部，气候特别反常，我们这里动不动就大雪封山，学校关门。因为下大雪学校停课，家长倒是轻松了，反正孩子不上学，大人没有接送任务，大家都可以趁机睡个懒觉。难就难在大雪过后开学时，大家为了确保安全，都开得慢，只要一不小心，孩子们就容易迟到。

不久前，我家上高中的二宝就因为雪后上学不便，迟到了几分钟，而遭遇一件闹心事，心里不太痛快。美国高中考勤非常严格，一旦高中生迟到，就得去学校办公室办理上课卡（PASS）。那天迟到的孩子特别多，二宝站在长长的队伍里面，等上课卡等得心焦。不巧的是，那天上学第一节课就有数学考试。为了能赶上数学考试，二宝开始冒险了，她没等拿到上课卡，就疾奔教室而去。

当气喘吁吁的二宝走进教室时，数学老师一本正经地把二宝拦在了门口："对不起，你晚了。如果你没有上课卡，你不能参加这次数学考试，而且你也不能补考。"二宝一听，急得要命。不能考试，又不能补考，这数学成绩肯定要出现大滑坡。二宝见状，硬着头皮和老师商量："可否通融一下，让我考试呀！"

这位美国高中数学老师，严谨得像数学公式一样，根本没有丝毫的商量余地。 就这样，对这次考试期待得 A 的二宝，最后居然得了个零分。 这个意外的考试事故，几乎要击垮二宝。 明明都会的考试，居然得了零分。 二宝怎么想怎么难受。

孩子遇到困难了，我首要想到的是要尽力帮她。 要不，我去找数学老师谈谈？ 二宝听了我的想法后，悲观地否认了我的这个建议："老师的卷子都发回了，我肯定没有补考的机会了。"真是太遗憾了！ 我不禁自责起来。 如果我开车快点儿，或许二宝就不会迟到了。 可惜，事过境迁，眼下确实没有任何挽回的余地了。

这时，我忽然想起我曾经写过的一篇文章，不为无法改变的事情纠结。 对孩子教育，我也需要有这样的雅量。 无论怎么惋惜，这次数学成绩就是零分了。 以后争取上课不迟到，同时也要争取今后的数学考试成绩全优，以挽回这次意外的失利吧。

本来是心事重重的二宝，听了我的开导之后，心情顿时舒展了许多。 遇事不钻牛角尖，不为无法改变的事情纠结，我要尽早向孩子们灌输这个理念。 未来的路还长，难免还会遇到意想不到的挫折。 任何事情的发生，都不是世界的尽头。

对经常应付考试的孩子们，挫折教育尤其重要。 比如考试没考好，或者是没能考上理想的大学，甚至是高考落榜，种种和学习成绩有关的失败，特别容易击垮孩子们的自尊心。 我们时不时会听到某某考生因为高考失误而跳楼自杀的事件。 这样的孩子，在家里所经历的挫折教育远远不够。 为了避免悲剧的发生，妈妈们一定要在孩子遭遇失败时，及时安慰他们，而不是冷嘲热讽。 只有这样，孩子们才会明白，暂时的失败并不是永远的失败，跌倒了再爬起来，明天太阳照样升起。

阅读教育

　　美国人爱阅读，例子举不胜举，仅举一特例以说明之。　我的丈夫在美国行医，他一次次地对我感慨：在他行医诊所的候诊室里，大多数美国癌症病人都在埋头苦读。　都得癌症了，他们还不扔下手中的书本，这样的美国病人，真值得我们钦佩！

　　根据我回国的观察和大量专家学者的呼吁提醒，我们不得不承认一个事实：中国普通百姓不喜阅读。　关于阅读对人的品行和性情的培养，大量的专家学者对此都有过论述。　比如我的美国文学老师就教育我们说，阅读会让我们变得更好。　我把美国老师的教诲换一种说法，似乎就应该是这样的：如果家长想让自己的孩子长大后是个好人，一定要让孩子爱上阅读。

　　美国是个爱阅读的国度，估计这种说法不会有人反对。　美国人爱阅读，并不是这个比赛那个比赛逼出来的突击式的文化现象，而是美国学校长期润物细无声熏陶出来的结果。　美国学校从学前班开始就鼓励学生大量阅读，除非特殊情况，一个不爱阅读的孩子在美国实属罕见。　身在这样的国度里，我的孩子们肯定也都是爱阅读的学生。　他们的阅读根本不需要我的额外指点。

　　如果读者能去我们的社区图书馆看看，你一定会感慨，那些琳琅满目的青少年书籍，哪个孩子能都读完呢？　作为家长，我们的任务就是要为孩子把关，尽量把好书摆在孩子们的面前。关于书籍的选择，我直接抄一段哲人的教诲："我们首先应该审查做故事的人们，做得好，我们就选择；做得不好，我们就抛弃。我们要劝保姆们和母亲们拿入选的故事给儿童讲。让她们用故事来形成儿童的心灵……"。从这段论述中，一个事实是显而易见的：孩子的阅读要有所选择。是的，书太多，而孩子们阅读的时间又有限，因为除了阅读，孩子们还要做其他的事情。在这种情况下，书籍的选择就变得至关重要了。

对我家小学生的书籍选择，我比较宽松。小学生好奇，喜欢新鲜事物，尤其是同学们津津乐道的儿童故事，小宝一定要知道。这种题材的书，我是鼓励并允许他阅读的。除此以外，除了打打杀杀的冒险故事，我会有意让他读一些历史人物的传记。美国书市非常多样化，和中国书市一样，即使是历史传记故事，也有适合孩子们阅读的儿童版。比如最近我家 11 岁的小宝就迷上了一套历史丛书。在这套丛书里，居然还有中国慈禧的故事。实事求是地说，如果只靠我个人的能力，你让我把慈禧的故事用英文给孩子讲明白，我还真要费点儿力气。很庆幸有好书，也很庆幸我有一个爱读书的小宝。这种中西合璧的故事，让他读起来有滋有味。

对我家大学生的书籍选择，我比较严格。我本人一直后悔自己在中国读大学时，瞎读了很多无益的书，这不仅浪费了我宝贵的青春时光，也搅乱了我蠢蠢欲动的心智。今年寒假，我对大宝的要求是，至少要读 15 本世界名著。这些名著，并不全是小说，其中会包括像爱默生这类作家写的思想文集。美国大学生放假时，经常有这个聚会那个聚会的青春狂欢。虽然我希望大宝能安安静静地在家里读些好书，但我也不希望她成为待在家里的书呆子。和朋友和谐相处，培养友情，这是青春成长的必要经历。即要读书，又要玩，我允许大宝参加聚会的条件之一是：先读几个小时的书，然后再出去玩。这种严格而又宽松的要求，比较人性化。如我所料，大宝欣然接受。

除了为孩子们推荐阅读的书籍，我还为他们订阅了好几种杂志。 11 岁的小宝最喜欢美国的《人物》和《时代》杂志，此外还有适合小学生阅读的《国家地理》杂志等。 大宝和二宝都是爱美的女孩，我为她们订阅了美国女孩喜欢的杂志《十七岁》等。 这些让人消遣的杂志，并不是通往名校的门票，但它们却能扩展孩子们看世界的视角。 我相信通过这些闲书长期的潜移默化作用，一定会让我的孩子们在生活中受益。

比如小宝时常会若有所思的和我谈论中国的计划生育政策，"妈妈，好可怕呀，中国以后会有很多男孩找不到媳妇啊。""你怎么知道的呀？"我好奇地问他。"这是我在《国家地理》杂志上读到的中国故事。"小宝肯定地回答我说。 瞧，一本杂志就能让在美国长大的孩子对中国有了忧患意识，阅读的力量不可忽视吧。

需要指出的是，鼓励孩子阅读，并不意味着把孩子培养成只会阅读的书呆子，而是把阅读当成一种有益的消遣。 比如我们外出旅游时，我总会让孩子们在书包里塞一本书。 在候车候机的空隙时间，我们完全可以打开书读上几页。 若我们能沉浸在书中，无聊的等候时间就会变成快乐阅读的时光。

为了给孩子立榜样，我自己首先就要做到能随时随地阅读。 2013 年回国时，当我的孩子们能在嘈杂的上海火车站安心阅读时，为我们送行的国内友人实在是吃惊不小。 尤其是如今当游戏和手机已经占据了人们每分每秒的空闲时间时，传统阅读就显得更加宝贵和重要。

我个人认为，鼓励孩子阅读，为孩子选择阅读书籍，应该从家长本身就热爱阅读做起。 没有阅读经历的家长，怎会知道哪些书好？ 又怎能知道哪些书坏呢？ 又该怎么为孩子选择书籍呢？ 正如苏格拉底教诲的那样："……用阅读来形成儿童的心灵，比起用手来形成他们的身体，还要费更多的心血。"作为现代社会的家长，只喂饱孩子们的胃是远远不够的。 除了关注孩子们的身体成长，我们更要关注他们的心灵成长。 引导孩子们的阅读，就是引导孩子们心灵成长的第一步。

也许你会问，你家孩子到底读什么书呢？ 我家的三个孩子，二宝目前正在高中拼命，她基本没有读闲书的时间了。 但上小学的小宝和上大学的大宝，还是有一些课外阅读时间的。 比如今年寒假，我就给大宝推荐了几本书读：《鲁宾逊漂流记》《一千零一夜》《儿子和情人》《爱默生诗歌散文集》《喜福会》。 我给大宝推荐的这几本书风格不一，几乎都是名著，尤其是擅长写母女关系的美国女作家谭恩美的大作《喜福会》更是应景，可以让大宝对自己的美籍华裔身份有更深切的认识。 至于小宝，他读的书很杂。 有他自己喜欢的儿童读物，也有我为他推荐的名著缩减本。 有一天，当小宝看到我家书架上有一本姚明的自传时，他自己拿下这本书，开始津津有味地研究姚明了。

在这个世界上有两个国家的人最爱读书，一个是以色列，另一个是匈牙利。 以色列人均每年读书 64 本。 当孩子稍稍懂事时，几乎每一个母亲都会严肃地告诉他：**书里藏着的是智慧，这要比钱或钻石贵重得多，而智慧是任何人都抢不走的。** 身为侨居美国的中国妈妈，我认为，或生性善良，或知书达礼，或二者兼之，一个人才能做到从善如流，彬彬有礼。 中国孩子到底该读什么书，仁者见仁，智者见智。

第三课 3
LESSON THREE

亲子互动乐趣多

现代社会生活节奏的加快，让越来越多的家长在忙碌的世界里行色匆匆。当我们取得一些所谓的成功时，当我们手中的钞票把我们压得喘不过气来时，我们的孩子们却在岁月的挤压中慢慢长大了。时光不能倒流，孩子们的成长也无法重复。所以说，不管我们多么忙碌，都不应该是我们忽视孩子的借口。强大的亲子纽带，一定连接着扯不断的爱与奉献。

孩子帮我写诗歌

　　我一直认为，在妈妈和孩子之间，建立良好的亲子关系比什么都重要。　现在孩子小，妈妈的关注点主要是学习成绩和身体健康等外在指标。　等到孩子长大成人以后，家长没了对孩子成绩单的牵挂，妈妈和孩子之间要靠什么来连接呢？　靠的当然是亲情，亲子关系。

　　亲子关系的培养是个贯穿年年月月日日的慢过程，生活中任何的小事，都有可能是亲子关系的催化剂。　孩子小的时候，我们陪孩子玩，给孩子讲故事。　等孩子上学了，不再需要母亲的陪伴了，亲子关系的建立就要靠生活中的琐碎小事来完成了。

　　最近我去社区大学修了一门诗歌小说戏剧课。　上课第一天，我就傻眼了。　老师让我们在课堂上写日本俳句，而我对此却没有任何经验。　这种诗歌主要表现人和大自然的关系，对诗歌的主题，我可以领悟，但对诗歌写作中需要的音节计数，我完全糊涂了。

　　下课以后回到家，我心里直发愁。　第二天马上要交作业了，我却一首诗歌都写不出来。　我家小宝看到我面带愁容，走过来安慰我。　当他得知我是为俳句发愁时，小宝笑了："妈妈，这种诗歌最简单了，我三年级时就学了，我来帮你。"哎呀，一听到小宝的安慰，真可以用喜出望外来形容我自己了。

就好像我不会做数学题时，有个数学天才过来辅导我一样。好，有小宝帮助，我心里有底了。

虽然小宝可以帮我，但这毕竟是我的作业，我肯定不会让小宝帮我写作业。我对写这种诗歌的主要困难是音节数不准，只要小宝能帮我把音节数好，我就没问题。于是我拿出作业本，诗歌写了一首又一首，然后让小宝帮我把关，调整不正确的音节。看到我和小宝热热闹闹地数音节，大宝也过来凑热闹。毕竟是大学生，大宝除了帮我数音节，还建议我换一个英文单词，以达到诗歌对音节的要求。

真没想到，我的一个小小作业，让我和孩子们之间有了一次非常有趣的互帮互学经历。首先，这让我了解了美国小学的语文教学内容。小宝的学校作业都是他独立完成的，如果他没有提出问题，我几乎不过目。我根本就不知道，原来美国小学三年级就介绍了日本诗歌的写法，难怪我班上的同学写起俳句时像玩儿似的，只有我在那里一个音节一个音节地数。其次，孩子们能教妈妈些有益的东西，他们感到非常自豪，当然也会非常高兴。第三，我亲身体会了孩子们需要帮助时的心情。平时大多都是我帮孩子们，我根本体会不到孩子需要帮助时的那种心情。比如孩子们学中文时，如果没有我的帮助，他们就很难自己写好所有的作业。中文对我来说很简单，有时候我看孩子连简单的作业都不会，心里难免会着急或者恼火。

通过这件小事，我从心底里体谅了孩子们的心情。我连简单的俳句都写不好，我的孩子们并没笑话我，假若我对他们的中文学习没耐心，我连孩子的觉悟都没有啊。互帮互学，换位思考，可以增进妈妈和孩子之间更好地了解，亲子关系也会随之更加亲密。有时候为了鼓励孩子，我会故意创造一些机会让孩子们帮我。比如我在做饭时，家里来了电话，我就会让小宝替我接。即使是这种简单的小事，也会让小小的儿子觉得自己非常有用，接电话本身也可以训练孩子的口头表达能力。

几个月前，我为我们教会的少儿班上课。我在备课时，发现《圣经》中有一些英文人名我读不好。 这时候，我又想起了我的孩子们。 他们都是在美国土生土长的孩子，读个英文名字就像我说中文一样流畅。 小宝得知我在求援，他一如既往地热心帮我校正发音，我则虚心地跟着小宝一遍遍地练习，直到小宝认可我的发音为止。 至于让孩子们帮我找《圣经》中的句子，也是我和孩子们常有的互动内容。

通过这些生活中的小事，我想表达的主要意思是，在孩子面前，家长有时候要放下高高在上的姿态，甘心为下，留下些空间，让孩子去填补家长的不足。 这样对提升孩子的自信心，培养他助人为乐的品质都有好处。 试想想，如果一个孩子连妈妈都不爱帮，他会真心地帮助他人吗？ 妈妈不仅是孩子的老师，也是孩子的练兵场。 妈妈希望培养出什么样的孩子，就要为孩子创造什么样的机会来实现这种愿望。

有一天，我在美国文学课上读到美国著名黑人诗人兰斯顿·休斯以妈妈的口吻写的一首母子诗歌。 因为我和小宝平时经常交流文学作品，读到这首诗歌后，我马上把它推荐给小宝阅读。 在我看来，这首小诗胜过很多滔滔不绝的说教。 等小宝读完这首诗以后，我问他："你从这首诗歌中学到了什么呀？"听了我的提问，小宝毫不犹豫地回答我："做事情要坚持，永不放弃。"对，这首诗说的就是这个。 通过诸如此类各种各样的生活和文学交流，我和我的孩子们在思想上互相提醒，互相补充，亲子交流的乐趣无尽无穷。

附：

母子交谈

听着，儿子，妈来告诉你：
生活对我来说从来都不是水晶阶梯。
它弯弯曲曲，

破破烂烂，

梯板碎裂，

多处没铺地毯——

毫无装饰。

但自始至终，

我一直向上攀登，

踏过平台，

走过拐角，

时常摸黑前行，

见不到一线光明。

儿子，别走回头路。

别因前面的路难走，

就在阶梯上停步滞留。

现在你千万别泄气——

好儿子，我自己还在朝前走呢，

我还在继续攀登，

生活对我来说一直都不是水晶阶梯。

（兰斯顿·休斯）

我教孩子学中国文化

关于海外孩子是否要学中文，一直是个众说不一的话题，我本人也有自己的思考和想法。比如在我们华人教会，几乎每个孩子都在学中文，但每次教会给孩子们上课，老师统统用英文讲解。这是为什么？道理很简单。这些孩子们学中文时，大多是照猫画虎一知半解地应付作业，孩子们不仅记不清生字，他们对课文内容也不一定能完全理解。如果老师用中文给这些"ABC"讲课，估计老师和学生全部都找不着北。这足以说明，让海外儿童学中文，只是让孩子们的学业锦上添花的一种辅助训练。如果你指望在国外出生的孩子读四大名著，这几乎像"天方夜谭"一样不靠谱。

几年前，我去我们当地的中文学校以家长的身份旁听了一次课。那天为孩子们讲课的中文老师毕业于国内的师范大学，她长着一副非常负责敬业的样子，应该是个很不错的老师。只可惜，在我这位家长看来，她的英文实在欠火候。比如需要给孩子们对难懂的中华文化背景做起码的解释时，她支支吾吾的英文，让一屋子的孩子们一头雾水。我坐在教室里，真同情这些被老师吆喝着把双手背后的学生们。毫无疑问，这位中文老师把国内的教学法带到美国来了。在我看来，足足两小时的中文课，真让孩子们受够了罪。难怪有的孩子不爱去中文学校。如果碰上这样的老师，我肯定也头痛。

从那以后，我果断地中止了孩子们的中文学校课程，三个孩子的中文，我几乎全部自己负责。 和孩子们一起学中文，首要的好处是，每次上课，我和孩子们至少可以有二十分钟左右的亲子相处时间。 其次，我会用孩子们能听懂的简单英文口语给他们讲中文课文。 为了加深孩子们对中文课文的理解，几乎每篇课文我都要给孩子们用英文口头翻译一遍。 我觉得，孩子们只有明白中文课文里到底在讲些啥，他们才会对中文课文中的故事感兴趣，学中文才不至于太枯燥。 而对在海外出生的孩子们而言，中文是孩子们的外语，我用他们的母语英文给他们讲解课文，应该是不过分的。

经过我们几年的坚持，我家小宝的中文水平现在大有长进。最关键的是，他对学中文几乎没有抵触情绪。 尽管如此，和国内的孩子们相比，小宝的中文水平还是非常有限。 如果我现在让他用中文读《西游记》《镜花缘》，那是绝对不可能的事，而且我估计他这辈子都达不到读这种中文经典名著所需要的中文水平。 悲观地说，中国文学博大精深，让海外孩子用中文学中国文学，几乎是件不可能的事。

我认为，语言其实就是一种阅读工具。 无论是用英文还是用中文，只要孩子能汲取中国文化的精髓，那就足够了。 我还认为，与其让孩子们花很大的精力去提高中文水平，还不如用这些时间绕道迂回，让孩子们用他们自己熟悉的英文学习中国文化。 扬长避短，其实就是这个意思。

作为一名普通的海外家长，如果我想为孩子们寻找能够代表中国文化精髓的英文版资料，还是有一定难度的。 毕竟自己的知识有限，同时也受自己个人兴趣所限，我对中国文化的认识，肯定会有偏颇之处。 幸运的是，我最近在美国大学修了一门亚洲文学课，其中的中国古典和现代文学部分，我可以全部拿来让小宝跟我一起学习。 这么一来，小宝变相地跟我走进了美国大学课堂。

美国有汉学家，也有翻译家，因故我们使用的亚洲文学课本非常权威。 只要翻开任何一页，亚洲文化都会扑面而来。 而作为亚洲文学重要组成部分的中国文学，在课本里占据了很大一块。 在我上课期间，我陆陆续续让小宝读了《论语》《道德经》《西游记》《镜花缘》片断，让他对中国的儒教和道教以及经典名著有了一点儿感想。 除此之外，我还让他读了中国伤痕文学的代表作，王蒙的幽默讽刺小说，用来了解中国的"文革"。 鲁迅的《祝福》，莫言的《铁娃》等，里面都有小男孩的形象。 小宝在津津有味地阅读这些作品时，还喜欢和我交流读书心得和感想。

如果把书籍比作是精神食粮的话，家长为孩子们提供的阅读资料和书籍，就是孩子们精神成长的食粮。 换句话说，孩子的精神世界能否健康成长，和他们阅读的书籍大有关系。 作为一名多年的理科生，我虽然读了很多专业书，修了很多专业课，在自己的专业方面有了一些进步，但对教育子女而言，我觉得我修的各种文学课，能让我的孩子们在精神成长方面最受益。 因为我经常会顺便把一首励志的诗歌推荐给孩子们读，把一个悲伤的故事讲给孩子们听，让他们从中悟出生活的哲学和艰难。 所以，我认为，为了孩子们的精神成长，家长必须完善自己的精神世界。 否则，你不知道该怎样为孩子们递上最健康的精神食粮供他们享用。 从另外一个角度来说，活到老学到老，并不只是为了个人的兴趣，也是为了给孩子们的精神世界掌舵把关。

每日英文家书

自从大宝上大学以后，我和她有个约定。 每晚 11 点左右，我让她给我发个电子邮件向我报平安。 孩子很听话，也很配合我的要求，她每天都会及时和我联系。 而我呢，只要一看到她的来信，我肯定马上就会回复她。 我每天杂事比较多，一旦我忘了回复，孩子肯定会失望。 所以不管多晚多忙，我坚持按时回复孩子的来信，绝对是雷打不动的。

我们娘俩通信近半月时，我越来越意识到一个问题——语言障碍，我们娘俩之间的语言障碍，让我有了隔靴搔痒的不适感。虽然大宝能说中文，她也会读《猴子捞月亮》和《小马过河》，但她给我写的信，全部都是英文版的。 虽然我能读英文，我也能用英文回复她，但我总觉得很别扭，我这是用外语和自己的孩子在纸上说家常话呢。

据我所知，在美国长大的中国孩子，能用中文和父母流利交流的实在不多。 而某些中文学校的教育，也实在不敢恭维。 一次我去朋友家聚会时得知，他已经让自己的两个孩子全都从中文学校退学了。 据他女儿抱怨，她都上美国高中了，在中文学校学了这么多年的中文，中文学校的老师从来没教过他们"厕所"二字。 孩子回国时想方便一下，都不知道该怎么开口问人。 再联想到我自己，我的心里也是挺委屈的。 我牺牲那么多休闲的时间，多年如一日辛辛苦苦地教大宝学中文，谁想到大宝的中文水平连一封家书都应付不了。 这让我有了得不偿失的失落感。

话虽这样说，我现在还不是照样折腾小宝的中文课。 明知道未来的中文结局并不会太好，我却还在继续辛劳着。 这是何苦呢？ 这是为啥呢？ 我想，这一定是为了爱吧。 因为爱孩子，我才心甘情愿地让自己尽量做得最好。 因为爱大洋彼岸的家，我才会鼓励孩子学中文。

这样一想，我不禁豁然开朗。 至于我和大宝的通信，英文就英文吧，隔靴搔痒就隔靴搔痒吧。 只要有孩子的消息，怎样都好。 乐观地憧憬一下，孩子四年大学下来，说不定我还能顺便提高一下自己的英文水平呢。

自从大宝上大学以后，我和大宝已经写了很多电子邮件了。通过在邮件中的互动，我和大宝不仅彼此加深了精神方面的了解，我对孩子在生活能力方面也有了一些认识。 比如美国的大三学生通常都要到校外租房，走出校园到校外，这对孩子来说，应该是一个不小的挑战。 房租如何？ 水电费咋算？ 和谁同租？ 这些生活中的细节，我和大宝通过邮件聊了一次又一次。直到有一天，孩子仔细地预算了租房的费用，并把这些预算及时寄给我看。 看到孩子这么细心懂事，我的担心顿时烟消云散。我的体会是，上大学的孩子即使不在身边，必要的亲子互动可以靠邮件或者其他方式来完成。 只要家长别太啰唆，孩子是愿意和我们交流的。 只有通过交流，我们才能及时跟踪和分享孩子的进步与忧患，我们才能为孩子及时排忧解难。 无论在什么时候，及时的亲子交流，永远都是最重要的。

解读孩子的心理测验

有一天，二宝给我发来一封邮件。在信中，她特意把她在学校做的心理测验结果如实地告诉我。美国学校的这种心理测验，并不是像算命一样的胡说八道，而是经过心理学家特殊设计的职业心理测验。在美国高中，这个心理测验主要给学生选择职业时作参考。

看了二宝的心理测验结果以后，我不禁笑了。这测试真的很准！我眼中的二宝和心理测试描述的二宝基本一致。我并不是心理学家，也不太懂高深的心理学理论，我对二宝的了解，完全来自我对她平时生活的观察和了解。

"像你这样的人很罕见，你很独特，具有创造性，你很有个性。"心理测试的第一句话，就把二宝的性格给勾画出来了。我眼中的二宝确实是这样的孩子。她不喜欢随大流，喜欢自己独一无二的选择，这样的孩子通常确实很有个性。了解二宝的这种性格之后，我很少勉强她做什么，也不会把自己的意志强加给她。说实话，即使我勉强她做什么事情，她也不会服从。这就是所谓的性格使然吧。比方说，高中同学给她的那些数学考古题明明可以帮助她提高考试成绩，但她就是不要。她觉得用老师可能还会再用的考古题复习考试，是欺骗老师的做法。说实话，二宝的这种个性，有时候让我很困惑。尤其是我在中国上学时做了大量的考古题，实在不明白二宝为啥拒绝考古题。也许这是中美文化差异吧。

"你喜欢私密，安静，社交时很谨慎，只有特别了解你的朋友才知道你轻松快乐和善于表达的那一面。和陌生人相处，你需要时间来适应。"这项心理测验可以预测二宝在社交中的表现。的确，二宝不是个和谁见面就自来熟的孩子，她需要观察，然后才会决定自己是否会和这个人接近。我觉得，对女孩子来说，这种性格特点未尝不好。也许二宝遗传了我的性格，因为我也是这样的人。只有和熟人，我们才会掏心掏肝。二宝的这个性格特点，让我对她的交友过程会少一些顾虑。因为她不是和谁都能成为朋友的，她心中有自己筛选朋友的标准。

"你想象力极强，喜欢用艺术表达自己。"这个心理测验，实在是太准了。二宝喜欢画画，有时候我从她的自画像中，就可以推测出她当时的心情和情绪，她也喜欢用画作表达对父母的感激之情，同时二宝也喜欢用文字抒发情感。写好一段小心情之后，无论是开心还是悲伤，她瞬间的情绪就变成了一行永久的文字。二宝的这个性格特点，我觉得不错，至少她可以用想象和艺术的形式为自己减压。

上面这几条测验结果，好像都是表扬二宝的，难道她就没有什么缺点和遗憾之处吗？当然有。平时在生活中，我发现二宝特别有主意，她决定的事情，我无法改变她，而我想强迫她做的事情，她又不会轻易接受。看了她的心理测验结果之后，我才恍然大悟，原来二宝"是个完美主义者，凡事喜欢灵感和随意，拒绝约束和条条框框"。一看到这样的描述，我居然有了似曾相识的感觉。原来二宝真是像我呀，因为我也是这样的人。

"你不是一个循规蹈矩的人，你必须发现一条特别适合你的佳径，尽管这意味着你可能要孤军奋战。"对自己的未来，上高中的二宝确实早就有了想法。她喜欢艺术，又喜欢当医生，同时她对当律师也有兴趣。二宝只是个普通的孩子，梦想再灿烂，她也没有三头六臂。她最终的职业到底是什么，我确实无法为她拍板定夺。 她自己的路，要靠她自己摸索，哪怕是孤军奋战，也要找到一个适合她的最佳职业。

美国学校的心理测验，让我加深了对二宝的了解。 我很高兴二宝能把这样私密的心理测验和我共享，让我能够更好地了解她。 在养育指导二宝时，我可以根据她的性格扬长避短，做事尽量合乎她的心理要求，尽量减少母女之间的冲突。 类似的道理也适用于我的其他两个孩子。 我深深地感觉到，身为母亲，无论以何种方式，了解孩子的心理很重要。 只有了解孩子，妈妈才会对孩子有智慧的指导。 完全不顾孩子心理感受的妈妈，对牛弹琴，南辕北辙，只能让自己和孩子都感到无奈和苦恼。

和孩子聊天的乐趣

孩子们天性好奇，他们常常在和父母聊天时解决心中的疑惑。比如我家小宝，就经常对我问个不休。"妈妈，我人生吃的第一口饭是啥？""应该是妈妈的奶吧。""不是，不是，妈，我的意思是饭，不是奶。"妈呀，这可难倒了我。小宝的第一口饭，吃的是啥呀？小宝看我吞吞吐吐的，又来一招狠的，"妈，你人生的第一口饭，吃的是啥呀？"哈，我人生的第一口饭，吃的肯定不是美国婴儿小罐头，我到底吃的是啥，我哪里会知道。但有一点可以肯定，因为国情和时代的限制，我人生的第一口饭肯定没有小宝的第一口饭吃得好。既然小宝向我提到吃饭问题，我何不顺便向他介绍一下中国七十年代的生活状况呢。就这么一来二去的，我们娘俩聊得好不开心。

和孩子聊天，我们除了谈生活，小宝对未来前途的思考也很有趣。有一天晚饭时，小宝的脑袋瓜子里又冒出了新问题。他提出的几个问题，真让我有点儿措手不及。当时刚九岁的孩子，想的问题有点儿太前瞻了吧。听了这些提问，同样对未来有想法的二宝为我抢答了小宝的所有提问。我在一边听孩子们聊天，也很有趣。

小宝：世上最容易的工作是什么？
二宝：去麦当劳打工。

小宝：世上最难做的工作是什么？

二宝：做律师，医生，CEO。

小宝：世上最差的大学是哪一个？

二宝：没有最差的大学。只要是大学，就是好的。

小宝：高中毕业后，一定要上大学吗？

二宝：不一定，但上大学是一个比较好的选择。

小宝：上哈佛大学都需要什么条件？

二宝：GPA满分，SAT高分，老师推荐信，课外活动，领导才能。

通过这些对话，我终于明白了：向往名校，是他们的共同梦想。

在我的三个孩子当中，小宝比较善聊天，也更有趣。在我每天的忙忙碌碌中，他总能体会到妈妈对他的爱。有一天临睡前，小宝怀着感激的心情向我表红心："妈妈，等我长大以后，我要当作家，专门写妈妈，我要让别人知道，我的妈妈是多么的好啊。"哈，听了小宝的这番表白，我心里真的比蜜还甜了。

小宝除了自己想写书，他还鼓励我写书。就这个问题，下面我就实录一下我们娘俩的一段对话吧：

"妈，你现在还写书吗？"

"嗯，妈妈想休息一下，暂时不写了。"

"妈妈你为啥不写了呢？我觉得你应该写儿童故事书，像E. B. White似的。"

"E. B. White只写了三本儿童故事书，他就大获全胜了。妈妈写了三本书，好像没出什么大动静呀。所以，妈妈还是应该休息一下才好。"

"管那么多干啥呀。对了，妈妈，你先找个能给你的故事配图的合作者吧，然后你就开始写呗。你要是找不到画画的人，我和二姐给你画插图。"

听了小宝的这些思想活动之后，我既感动又惭愧。感动的是，这孩子一直觉得我这个妈妈特别行；惭愧的是，我并没有他想象的那样行。转念一想，孩子能如此地鼓励我，我应该不负孩子的厚望才行，我还要继续加油努力。

有一天我辅导小宝做造句作业时，我的心又被小宝迷惑了一下。我这心里得意的呀，真是别提了。那天在做"像……"的造句作业时，小宝眼珠一转，造了一个这样的句子："我的妈妈像米歇尔·奥巴马。"一看到这个句子，我心里怕得直哆嗦。难道小宝也嫌我长得黑啦，暗暗讽刺我和米歇尔·奥巴马的皮肤有些像？不对吧，我再黑，也黑不过米歇尔吧，这是咋啦？儿子，你给妈妈解释一下，妈妈为什么像米歇尔？

激动人心的时刻就这样来啦，小宝上下嘴唇巴拉巴拉，答案公布了：You talk good like her. 哇，小宝说我的口才和米歇尔一样好，这个鼓励实在是太巨大了。在孩子的眼里，我这个当妈的又能说又能写，我简直是无所不能啊。

靠着这些生活中的小事，我越来越享受和孩子们聊天时的乐趣。通过聊天，我不仅会知道孩子们心里到底在想什么，我也可以趁机知道自己在孩子的心目中到底是什么形象。母亲和孩子之间，通过随意的聊天就可以增进彼此的了解。世上还有什么比这样的亲子交流更有效更有趣吗？

我请孩子帮我出主意

我首先应该承认，我是一个比较有主意的人。 无论对错，我一旦坚持什么，基本没人能改变我。 这种性格其实很不好。 说好听点儿，我这叫有主见；说难听点儿，我这人很固执。

对很多事情，我在做取舍的决定时，比较喜欢短平快。 只有让我特别在乎的那些事，我才会有摇摆不定的心态。 放弃吧，可惜；努力争取吧，难度太大。 在若有所思的摇摆中，我仿佛把自己放到了一个孤零零的天秤上：左边是坚强的砝码，右边是沉重的铅块。 这个无形的天秤在左右摇摆，令我内心疲劳不堪。

随着年龄的增长和各种阅历的增加，我看到和经历了太多无奈的世事。 在年复一年日复一日的磨炼中，我逐渐养成了随遇而安的性格。 既然岁月已经把我钝化成了一个顺其自然的人，该对什么放手时，我基本就不会再争什么了。

最近我遇到的一件事，让我很纠结。 本来这是一件令我非常兴奋和自豪的事，我原本以为，即使是赴汤蹈火，我也会在所不辞。 无奈我这个忙忙碌碌的妈妈，在家中确实应该以家事为重。 如果我同意接纳这件事，肯定会影响我对孩子们的照顾。 这个顾虑是孩子爹认真提醒过我的。 唉，就这样，我开始有点儿迷失了。

到底我该怎么办呢？ 在困惑中，我想到了我家的二宝。 我之所以想到二宝，是因为这孩子性格坚强，凡事不愿意放弃。我想和二宝聊聊，也是希望从孩子身上给自己找到一个坚持的理由。 听了事件的来龙去脉之后，二宝一次次提醒鼓励我："妈妈，你不要放弃，你要坚持做下去。"

听了二宝的建议之后，我真惭愧。 为什么我的信心还不如一个孩子呢？ 二宝看出我的犹豫，又接着说："妈妈，做这件事虽然你在金钱上收获微乎其微，但它却是你将来成功的一个重要基石。"二宝的看法，很符合我们熟识的"千里之行，始于足下"之说。 孩子，你对妈妈怎么会这么有信心呢？ 当年被我抱在怀里的小娃娃，现在已经能给我出谋划策了，你说谁敢不对时光敬畏呢？ 听了二宝的建议，我不再犹豫了。 二宝为我解除了心中的纠结，我对她充满感激。

家长请孩子出主意，不仅有利于亲子互动，在我看来至少有两大好处：一是可以增加孩子的自信心，二是可以了解孩子的人生观和世界观。 因为我是家里的老小，我小时候很少参与父母的讨论，更没有给父母出主意的经历，我对此体会颇深。 在我家给父母出谋献策的，一般都是我的哥哥姐姐。 那时候我就想，如果父母能听听我的建议，那该多好啊，我该是多么自豪啊。 可惜，父母所有的讨论都没我的事，我因此也有些自卑。所以我认为，家长采纳孩子的建议，是增加孩子自信心的最佳家庭训练。 而家长在和孩子讨论商议的过程中，还会了解到孩子的思想活动。 一旦孩子有什么想法不合适时，家长可以通过讨论及时纠正孩子在认识上的偏差。 一举两得，何乐而不为？

和孩子一起看电影

虽然因为生活忙碌，我电影看得不多，但在我的骨子里，我是个影迷。 我认为，电影是生活和艺术的载体，一部电影就是一段人生，而且电影中的视觉和听觉美感，也会提升我们对艺术的欣赏能力。 换句话说，好电影里有美感和智慧，我觉得看电影应该是家庭教育中很重要的内容之一。 因为我爱电影，大概是潜移默化的作用，我的孩子们也都自然而然地成了小影迷。

刚来美国时，我们穷留学生的生活很拮据，是舍不得去电影院看电影的。 在美国生活了二十几年，日子渐入正轨，一家人出去看电影，顺理成章地成了家庭娱乐的一种最简单的方式。 美国影院票价合理，折合成人民币以后，电影票价几乎和国内价格一致。 每当新电影上映时，孩子们都从网络或者杂志中了解到这部电影的大致内容了，经孩子们协商，统一意见之后，一家人直奔影院。 比如像《悲惨世界》《少年派》《007》这样的好电影，我们都是在电影院里和孩子们一同欣赏的。 和孩子们一起看电影的好处有很多，比如增加亲子相处时间，大家一起谈观后感等等。 从孩子们的观感中，我们可以了解到孩子对生活和艺术的理解和感悟。 诸如这些话题，都是家庭教育的具体内容。

美国的社区图书馆的资源特别丰富，各种各样的电影纪录片琳琅满目。 除了去电影院，我们也是图书馆的常客。 当孩子们把一堆一堆的电影借回家时，我真为他们高兴。 在我看来，看电影既是休闲又是学习，看电影比玩电脑游戏不知要好多少倍。 因为我鼓励孩子们看电影，他们在看电影时就没有负罪感。 只要是好电影，我会让孩子们尽兴地看。 有时候，我还会和他们在家里一起看电影。

我和小宝一起看美国电影《珍珠港》时，对美日之间的战争冲突有了最直接的画面感受。 读历史书了解珍珠港事件，孩子们读到的只是一段枯燥的文字。 即使我给孩子夸夸其谈，孩子对战争的感受也很抽象。 一个电影画面胜过千言万语，尤其是这部电影所传扬的爱情、友情和人性等主题，让小宝在欣赏历史画面时对人生也有了一定的体会。

去年圣诞节期间，当我和我的孩子们挤在沙发上，一起观看根据苏联名著改编的电影《日瓦戈医生》时，孩子们被这部史诗般的电影深深地震撼了。 有时候，我常希望孩子们从小能读些名著。 但孩子们或者时间不够，或者兴趣不够，他们不一定会心甘情愿地捧起厚厚的名著。 在这种情况下，让他们先看根据名著改编的电影，可以让他们有一种先睹为快的感觉。 如果他们喜欢名著电影，我再让他们读名著就会容易得多。 即使他们实在没时间和兴趣读名著，根据名著改编的电影，也可以让他们抓到名著中的精华部分。 像《安娜·卡列尼娜》这样的电影，孩子们也是在我的推荐下，坐在家里的沙发上自己慢慢欣赏的。

和孩子们一起看电影，我并不是唯我独尊搞一言堂的。 有时候，孩子们也会向我推荐他们喜欢的电影，然后我们再一起观看。 比如美国电影《芝加哥》就是二宝推荐我看的，《悲惨世界》是我家大宝的最爱，小宝也向我推荐了很多美国好电影。因为要写美国教育书稿，我让小宝帮我推荐一些和美国教育有关的电影。 有时候，孩子可以是大人的老师，根据小宝给我推荐的电影来看，我觉得真是这么回事。

小宝给我推荐的一部电影叫《阿基拉和拼字》。 这部电影不仅反映了美国学校的基本教学方式，同时也成功塑造了一位叫阿基拉的不屈女孩。 丧父女孩阿基拉对拼字比赛很有兴趣，但她的母亲却不同意她参加拼字比赛。 克服重重困难之后，阿基拉终于赢得了全美拼字比赛第一名。 这部电影本身就是一个励志故事，和孩子一起看这部电影，我和孩子都可以从中体会到一种不屈不挠的力量。 努力呀，加油啊，不甘失败啊，这部电影比空洞的说教要好得多。 最值得深思的是，这部电影里的配角是一位亚洲男孩。 他严厉的父亲为了让他得拼字比赛第一名，经常带着不苟言笑的面孔和男孩说话。 这位父亲的银幕形象，或多或少具有一定的代表性。 美国的亚洲父母对孩子要求都很严格，或许美国主流媒体就是这样看我们亚洲人的。

以我家小宝为例，虽然他只是小学生，但因为课外活动多，他看电影的空余时间并不是很多。 为了一心二用提高效率，我允许他在吃零食甚至是晚饭时看电影。 估计很多家长对我的做法会有异议，我能听到的可能反对意见就是吃饭时看电影会影响消化。 看电影会影响消化这种说法从何而来，我没仔细求问过，我本人也是经常一边吃　边看电影的，日前为止我的消化系统好像没什么异常现象。 好在边吃边看最多只有半小时左右，一切可能的坏因素基本可以忽略不计。

最后我想说一下看电影的长远益处。 现在我让孩子们看电影，很大程度上来自家庭和孩子的个人兴趣。 有时候，在美国大学的基础教学中，看电影还是一个必需的功课之一。 比如我修的美国文学课，是美国大学生的基础课。 在这门课上，老师动不动就让我们看根据名著改编的电影，然后让我们比较这部电影和原著有什么不同。 由此可见，在美国让孩子看电影，并不是不务正业的瞎消遣。 我始终认为，电影中有艺术和智慧。 正是这种看法，决定了我为什么会喜欢和孩子们一起看电影。

诗歌中的亲子情

虽然我用中文写过一些被读者们称作是诗歌的涂鸦，我却一直不敢承认我会写诗。 最近我修了一门诗歌小说戏剧入门课，写几首英文诗歌，是老师对我们的作业要求。 逼上梁山，赶鸭子上架，无论如何，我得写两首英文诗歌应付作业。

根据我对诗歌的理解，诗歌是从心里瞬间流出来的呐喊或低吟，而不是刻意为之的强说哀愁。 没有诗兴，怎能写诗？ 尤其是在课堂上，气氛严谨，心灵被束缚在桌椅上，我感觉，我是写不出任何诗歌来的。 但为了应付作业，我必须要写出合乎老师要求的诗歌。 真难啊！

我们班上同学的学业背景各异，美国大学老师是怎样启发我们写诗歌的呢？ 在选择诗歌主题那天，老师是这样开导我们的：在你的思想中，你最牵挂的事情是什么？ 哎，我心里牵挂的事情，当然是我的孩子们啦。 噢，是这样。 老师继续启发我，请把你心中的想法，用一幅画的形式表现出来。 哎呀，我不会画画。 难道说，写诗歌非得会画画才行吗？ 我本来就觉得自己不会写诗，现在我又多了个毛病，我又不会画画。 一时间，我竟然有了崩溃的感觉。 这诗歌课太难了。

我的这些内心活动，当然不能让老师知道。 虽然很紧张，我还是静下心来，用我笨拙的笔，画了一幅画：三个微笑的小太阳占据着大部分画面，太阳的头顶上有几个英文字母 Z，这是我意念中的雷电。 在雷电周围，我又画了一些雨滴。 在这幅画中，寄托着我最真实的内心想法：无论在生活中遇到什么风吹雨打，我希望我的三个孩子都能够保持微笑的姿态。

交上这幅画以后，美国老师终于向我们亮底牌了：请根据你画中的意境，做一首自由体的诗歌。 一听老师的要求，我又在心里尖叫了。 早知如此，我画个简单的动物不就得了，然后胡乱联想一番应该就可以交差了。 可惜，这种想法已经没有回旋的余地了，我必须根据我的画做诗。

为孩子们写诗歌，这还是开天辟地头一回。 我想啊想，想起了我的三个娃。 小宝比较乐观，他总觉得生活是美好的，人生应该永远风调雨顺。 二宝最像年少时的我，心里有很多梦想，但有时候自信心不够。 大宝依然沉浸在高中的异性交往中，但对生活和未来她并没有太多的把握。 当这些想法袭上我心头时，我忽然有了灵感，于是我就写下了下面这首诗歌，表达了我对孩子们的一番嘱托：

A Note for my Children
写给我孩子们的几句话

Dear son, a cheerful little prince
Life is a group of many unpredictable clouds
Rain or Shine, you need floating
Your own ways, keep floating and floating

亲爱的儿子，快乐的小公子
生活是一团无法预知的云彩
无论是雨季还是艳阳天，你都要飘浮
在自己的旅途中，不断地飘浮，飘浮

Dear daughter, a pretty young lady

Love is not always a rose

Lose or gain, you need planting

Your own flowers, keep planting and planting

亲爱的女儿，漂亮的小女人

爱情并不总是艳如玫瑰

无论是失意还是如意，你都要栽培

你自己的花朵，不断地栽培，栽培

Dear dream, an echo of my childhood dream

The future is not merely a dream

Fail or succeed, you need dreaming

Your own dreams, keep dreaming and dreaming

亲爱的梦想，我儿时之梦的回声

未来并不仅仅是梦想

无论是失败还是成功，你都要梦着

你自己的梦想，不断地寻梦，寻梦

当我战战兢兢地把这首诗交给老师时，我总算交差了。我万万没有想到，身为诗人的美国老师给了我不错的评语，并给我了我班级的最高分95分。更让我意外，并感到惊喜的是，当我向我的孩子们解释这首诗时，他们也给了我最高的鼓励。我和我的孩子们就在我的这首小诗中增进了解，我们的母子母女情，也都浓缩在这首诗歌中了。正如我老师理解的那样，这首诗歌的主题精神是：无论命运如何，都要让孩子们能勇于接受自己的一切，满怀信心充满活力地努力向前。

夫妻联手力量大

对孩子的管教，我家情况比较特殊。 老公因为工作忙碌，孩子们大部分的事情都归我管。 接送孩子参加各种课外活动，辅导孩子作业，和老师联系沟通，参加学校各种会议等等，这些杂事，非我莫属。 每逢周末，老公主要负责带小宝吃喝玩乐。

人们常常以为只有妈妈才会娇惯儿子，我家情况正好相反。我平时对小宝要求比较严格，老公对小宝却非常宽松。 我想让孩子练琴，老公却让小宝出去拔草。 我和老公类似这样的冲突时常会有，那到底该怎么协调才好呢？

有一点是肯定的，尽管可能会有不同的想法，对孩子的管教，夫妻双方应该最大限度地达成共识，最后让孩子能够高高兴兴地接受父母的建议。 管教孩子时，最怕两口子各持己见，这样不仅伤害夫妻的感情，也让孩子无所适从。

比如说，孩子学中文这事吧，美国有一些华人家庭的孩子确实不学中文，而上中文学校的华人子弟，中文水平也很一般。在小宝该学中文时，老公就有怀疑情绪。 他认为，去中文学校那么费劲，孩子又不爱去，何苦难为孩子呢？ 说实话，从感情的角度来说，我也确实赞同老公的观点。 但身为炎黄子孙，不让孩子学中文，我又总感觉对不起老祖宗。 参照老公的建议，又根据小宝的实际情况，我最后决定在家里自己教孩子中文。

家里上课，课程灵活机动，小宝不仅没有对抗情绪，学得也很开心。 小宝在家学中文这事，就是我们两口子共同协商的结果。

老公对小宝的关爱，表现在方方面面，他当然也很在意孩子的内心感受。 比如说孩子玩电子游戏这事，我就不同意，甚至是坚决反对。 但老公却认为，孩子在儿时应该有尽情玩自己喜爱东西的记忆。 他明知道玩电子游戏确实浪费时间，但他却认为家长也应该让孩子挥霍一下光阴才好。 试想想，一个不会玩电子游戏的孩子，该是多么可怜和落伍？ 经老公这么一说，我觉得似乎有些道理。 但小宝平时各种活动和功课确实忙，如果他迷上了电子游戏，后果不堪设想。 根据老公的想法，再真实面对小宝的时间表，我们最后达成共识，小宝只能在周末玩电子游戏。 这个要求，既满足了老公对儿子的爱心，又不耽误小宝太多的学习时间，小宝口服心服，我们三人皆大欢喜。

在家庭生活中，夫妻的角色时常要互换，对孩子的态度，也需要随时调整。 比如说我，我对小宝的电子游戏时间管得比较严，小宝也听从了我的建议。 但我在管教二宝不要玩命熬夜时，我的力度就不如她爸爸大。 这种时候，我就会向老公求援，让他出面，对二宝耐心解释熬夜的坏处。 因为平时老公很少出面干预孩子们的事情，只要他一发话，孩子们就会觉得事情很严重，也会乖乖地顺从。 妈妈可以和孩子唠叨，但爸爸要尽量少唠叨。 只有这样，当管教孩子遇到难题时，爸爸该出手时就出手，容易让孩子接受。

无论哪个家庭，夫妻双方和孩子之间的关系都应该尽量和谐，遇到问题时尽量通过三方协商的办法圆满解决。 千万不要在家庭中搞针锋相对的三方混战，爸爸埋怨妈妈，妈妈埋怨爸爸，孩子埋怨爸爸和妈妈，全家人像一团乱麻难以梳理。

第四课 4
LESSON FOUR

外面的世界很精彩

美国著名作家兼教育家布克·华盛顿明确指出了旅游对塑造孩子身心的重要性，我们中国文化中也有行万里路之说。因此，无论功课多么繁忙，我们也不能让孩子守在家里闭门造车。温室里的花朵，无论长得多么鲜艳，也永远看不到外面精彩的世界。带孩子去旅游，鼓励孩子交友，允许长大成人的孩子独自远行去见识像纽约这样的大都市，甚至带孩子参加美国人的葬礼，都可以推开紧闭的家门，让孩子看到一个不一样的平凡世界。

带孩子去旅游

美国著名作家兼教育家布克·华盛顿博士在他著名的自传《超越奴役》中指出，从来不读好书，也不旅游，和外部世界缺少心灵交流的人，大多是渺小和狭隘的人（In my contact with people I find that, as a rule, it is only the little, narrow people who live for themselves, who never read good books, who do not travel, who never open up their souls in a way to permit them to come into contact with other souls——with the great outside world. ）美国教育家这段通俗易懂的论述，明确指出了旅游对开阔人生视野的重要性，这段论述也赞同了我们中国文化所推崇的"行万里路"的观点。

无论从哪个角度来说，旅游是家庭生活中必不可少的一个重要内容。美国学校假期多，交通也比较方便，带孩子到处旅游的美国家长特别常见。旅游是个时尚的词语，说白了，旅游就是出去玩，到处游山玩水。爱玩是人之天性，我们一家人当然也不例外。所以只要条件允许，我们一定会带孩子到处跑。

我们家最爱的旅游地首先是中国。去中国旅游，不仅可以让在美国长大的孩子们亲身体验中国文化，也可以对孩子们进行基本的亲情教育。比如看到中国长辈时要如何称呼才算有礼貌，看到长辈需要帮助时该怎么办，经常去看奶奶为什么这么重要，等等。回中国旅游，还可以让孩子体验不一样的生活，让他们学会适应不同的生活环境。至于浏览过的那些旅游景点，会加深孩子们对中国文化和历史的理解。比如有一次，我们带孩子们参观辽宁葫芦岛日本侨俘遣返之地纪念碑，这对孩子们了解中日战争和南京大屠杀等历史事件非常有帮助。最近几年来，我们基本会隔年暑假回一趟国。频繁的回国，也增进了孩子们对中国的感情。让孩子们亲自去中国看看，这比单纯的说教爱国更有说服力。

我家二宝喜欢艺术，巴黎就是她向往的艺术圣地。为了满足孩子的愿望，2012年春天，我们一家人终于去了巴黎。当孩子们在卢浮宫内专心欣赏各类世界著名画作时，我们一家人仿佛行走于一个巨大的艺术画册之中，由于时间限制，即便是走马观花，我们也能亲身体验到世界名作带给我们的心灵震撼。巴黎的艺术氛围，不仅体现在美术上，我们还欣赏了街头音乐家的演奏，旁观了电影拍摄过程，访问了拿破仑纪念馆和巴黎圣母院，参观了巴尔扎克故居和肖邦墓地等等。巴黎仿佛蕴藏着无穷无尽的兴奋剂，让我们这些过客永不疲倦。去一趟巴黎，就像是翻阅了很多很多的文学艺术和历史书籍。巴黎之行，充分满足了二宝的好奇心。刚回到家，二宝就希望以后能去巴黎游学。

小宝平时喜欢读海盗的故事，他对出海旅游特别有兴趣。为了满足小宝的愿望，我们在2010年的夏天乘坐邮轮去巴哈马玩了一趟。在海上漂泊的一星期，孩子们对一望无垠的海洋生出了很多遐想，小宝一直都沉浸在他读过的那些海盗故事中。回家以后不久，学校老师让孩子们写作文，说说他们在暑假都去了什么地方。除了出海，虽然我们也去了其他的地方，但小宝还是毫不犹豫地详细记录了我们在海上一星期的见闻。小宝笔下情节之细腻，感慨之多，让我这个读者感到非常意外和吃惊。如果没有这样的旅游，小宝肯定写不出这样的满分作文，旅游对孩子学业之益处由此可见。

和弟弟妹妹的兴趣相比，我家大宝更喜欢逛纽约的第五大道。为了满足大宝的要求，我们家人曾经多次游览纽约的第五大道。 常听人们说女孩要富养，虽然我并不完全赞同这个观点，但我认为让女孩至少见识一下名牌商品还是应该的。 有见识才会有比较，有见识才会知道自己的渺小。 所以，我认为逛商店购买时尚商品，是女孩成长过程中一个不可缺少的内容。行走在纽约的第五大道上，人来人往的世界公民和他们手中五颜六色的购物袋，各式各样的方言和口音，胜过任何旅游教材。虽然我们知道第五大道上的很多名牌商品价格不菲，它们并不是我们工薪阶层甘心购买的奢侈品，但通过第五大道这个财富窗口，孩子们可以更好地了解财富与地位的关系。

上面的几个例子，只是我们旅游中的几个景点而已。 除了开阔视野，旅游对孩子们的益处还有很多。 比如旅游外出吃饭住宿时，该如何最经济最有效地安顿自己？ 旅游确实可以对孩子们进行一些基本的理财教育。 外出旅游时，要怎么注意安全？ 如何应付意想不到的窘境？ 这些话题，纸上谈兵肯定不行，只有亲身经历才有说服力。 比如2013年回国时，我，小宝和二宝一起坐北京地铁。 本应该下站时，二宝却被人墙留在了车内。 这种紧急情况，到底该怎么应对，只有外出旅游时孩子们才能有实战练兵的机会。 回到美国以后，这件事还被小宝写进了作文里。

我觉得只要条件允许，家长一定要多带孩子出去旅游。 旅游带给孩子们的益处或许不是高分，但它带给孩子的广阔视野是不容忽视的。 正如美国作家、教育家布克·华盛顿所言，不爱旅游的人容易心胸狭隘。 为了让孩子能拥有一颗博大的胸怀，旅游，应该是每个家庭生活中的重要内容。 换个角度来说，旅游不仅开阔视野，它也能让我们从繁琐的生活中暂时解脱出来。将自己倒空，游走于山水之间，旅游能让我们达到乐以忘忧的境界。 游山水快乐多，快带孩子们去旅游吧。

孩子们的朋友圈

早在小学期间，美国学校就很重视学生的社交生活了。 比如我家小宝所在的学校，在近期校报醒目的位置上，重点突出了这样一个话题："your child's social life"（你家孩子的社交生活）。

的确，无论是谁，人人都离不开朋友。 我们大人会唱"朋友多了路好走"，美国小孩子也会说"friends forever"（永远是朋友）。 为了让孩子们能健康地成长，美国学校建议家长要用以下的方式重视孩子的社交生活：（1）向孩子打听他朋友的情况（ask about friends）。中午和谁在一起吃饭？ 课间休息时和谁在一起玩？ 开家长会时和老师交流，打听一下孩子在班上是否有交友障碍？ 如果孩子的朋友不多，可以主动邀请孩子的同学到家里玩。（2）和其他孩子的家长交流（meet other parents）。以家长为媒介，鼓励孩子间的交往。（3）向孩子解释同伴间的交友压力（explain peer pressure），让孩子明白近朱者赤，近墨者黑的道理，帮助孩子选择益友，提醒孩子远离不良少年。

幸运的是，在读到学校的这份校报以前，我对孩子的交友指导，已经基本符合了上述这几条建议。 我判断孩子是否有交友障碍的基本原则是，只要孩子放学回家时能高高兴兴的，脸上没有沮丧的表情，这就基本说明孩子在学校交友应该没有什么问题，我用不着天天问他们和谁吃午饭和谁玩了。 至于和家长之间是否要建立交流关系，我并不刻意为之。 和家长打交道，顺其自然是我之根本。 但对孩子的交友对象选择，我是要睁大眼睛的，我时常会提醒一下孩子们注意交友对象。

还记得我对孩子最典型的一次提醒。 那天，二宝的啦啦队有一个周末聚会。 四个女孩子相约聚在一起，准备疯狂地玩上半天。 出门前，我并不知道这次聚会将是如此狂放，我还以为二宝要和同学一起做作业呢。 临到聚会地点时，我才恍然大悟，原来这是一个和学习无关的聚会。 美国高中生活多紧张啊，二宝有时候为了写作文，几乎要干个通宵。 不行，这种聚会不仅太浪费时间，而且聚会的对象也值得我怀疑。 不是我多心，而是二宝自己无意中向我透露过，这所美国高中啦啦队的女生，要么喜欢谈论名牌衣服，要么喜欢谈论男朋友。 二宝对自己的未来怀有很多梦想，而啦啦队的其他女孩子，是否能上大学都不能确定。 无论从哪方面考虑，我都不会让二宝和这样的女孩子有过多的交往。 于是，几乎快到聚会地点时，我突然改变驾驶方向，毫不犹豫地掉头回家了。 二宝当时虽然有些情绪，但她毕竟是个懂事的孩子，她的小情绪很快就平息了。

很多在美国的中国家长热衷于互相邀请孩子到各自的家中玩，而我并不是这类家长。 首先，我家孩子课外活动非常多，我们确实没有那么多的时间和别人家的孩子礼尚往来。 其次，我家孩子因为课外活动多，在他参加这些课外活动时，就已经在和其他的孩子们玩了。 比如，我家小宝参加体操课、武术课和教会的主日学时，在他周围晃悠的都是小孩子。 在家里玩，离不开电视和电脑游戏，在这种竞技场所或者教会玩，我的孩子可以增加体力和心力。 其三，我觉得孩子要有一定的独处能力，要学会自己娱乐自己。 看看书，看看电视，看妈妈做家务，逗逗小猫，这些不都是玩吗？

当然，我的上述想法并不意味着我要把孩子死死地捆在家里不让他们出去交朋友。 以我家小宝为例，我接待过来我家过夜（sleepover）的美国男孩，我也允许我家小宝去别人家过夜。 我家孩子的生日聚会，我们总会邀请很多小朋友来一起玩，而别人家孩子的生日聚会，只要小宝收到邀请，我统统都让他去。 这样小宝既可以和别的小朋友玩，也能给过生日的孩子捧场，何乐而不为呢。

小宝经常津津乐道的好朋友是个美国孩子威尔。 威尔今年十岁，是小宝体操队的队员。 别看他们小小年纪，却已经相识五六年了。 他们在体操队里一起成长，一起参加各种比赛，一起在训练间歇玩游戏，这小哥俩友情很深。 威尔的爸妈都是美国学校的老师，他们的家教非常好。 我和威尔的妈妈在接送孩子的五六年间，也非常熟悉彼此。 在这样的交友背景下，只要威尔的妈妈邀请小宝去她家玩，我二话不说，直接送去。 当威尔的妈妈想让威尔来我家玩时，我也会高高兴兴地欢迎他的到来。

我家的三个孩子，只有大宝在转学时出现过短暂的交友困难。 大宝在初三时，我们家从美国中部的圣路易斯搬到美国东部的巴尔的摩。 跨了几个州，美国东部的教育质量和学校风气和美国中部大不相同。 东部学习竞争激烈，初来乍到的转学者，很难融入高年级已经成形的朋友圈中。 一天，我在收拾大宝的房间时，在她房间的地上，无意间拾起一个皱巴巴的纸条。 纸条上是大宝的字迹，上面写着："转学三天了，我在这里一个朋友都没有！！！！"这张纸条上的好几个感叹号，让我仿佛看到了大宝孤单而失望的面孔。 看了这张纸条，我特别心疼孩子。 别的孩子都热热闹闹地打成一片，只有她形单影只，我真心疼啊。 好在大宝是个适应力很强的孩子，用不着我的提醒，过了几天，她终于在陌生的学校有了第一个朋友。

鼓励孩子交友，又要在一定程度上限制孩子交友的自由，听上去很矛盾，其实不然。 只要孩子能接纳父母的建议，他们结交的朋友基本会符合大人的期盼。 除非是极特殊的情况，比如二宝啦啦队的聚会，我对孩子们的交友基本是不管的。 让孩子走出家庭，结识更多的朋友，是我对孩子们的期盼。

支持孩子去游学

　　大宝上高中时，她所在的演讲队除了在当地比赛，还经常去外地和其他城市的同龄人打擂台赛。 每次外出前，我对她的这些活动都会有具体的支持行为。 比如我帮她买合适的衣服，准备足够的零花钱，提醒她演讲的要点等等。 我发现这种外出活动，不仅可以锻炼孩子的演讲能力，对孩子的生活能力也能有一定的提高。

　　有一次大宝去纽约演讲，把她矫牙用的牙套顺手放在了洗手间的一张卫生纸上了。 旅馆里粗心的卫生员在打扫卫生时，根本就没注意到我们花几百美元买来的这个牙套，居然把牙套当作垃圾给处理掉了。 活动结束后，当大宝回家向我汇报这个意外时，很怕我会尖叫。 说实话，我不仅心疼那几百美元，我也嫌再配一个牙套很麻烦。 但事情既然已经发生了，我们也只好认了。 孩子本来就是在不断的犯错过程中学会了细心。 从那以后，大宝再有外出时，一定会把随身携带的物品一一管理好，再也没发生过丢失牙套或者其他物品的事故了。

　　我家二宝对学校的游学活动非常积极，上高一时，她就和学校的法语俱乐部同学去加拿大的渥太华游学了几天。 他们去加拿大的法语区练习口语，还参观了当地的著名景点。 游学开阔了孩子的视野，这是毫无疑问的，同时游学也可以纠正孩子平时经常犯的错误。 比如我家二宝经常丢东西，外出游学时，我不得不提醒她千万注意不要丢东西，尤其是手机，一旦丢了，就比较麻烦。 在我的提醒和二宝的努力下，二宝去了一趟加拿大，没出现任何意外和错误，最后平安归来。

半年前，二宝所在高中的模拟美国国会俱乐部向全校高中生发出邀请，学校将组队到哈佛大学参加模拟美国国会的培训活动。 届时，美国各地的高中生都将在哈佛大学接受和美国国会有关的各种训练。 为了参加这个活动，二宝很早就开始动手了。 写申请信，填表，交费，一切都在井井有条地进行着。 临行前一天，二宝突然告诉我，她去哈佛大学参加培训需要穿正式的职业装和衣裤，而她又因为太忙，实在没时间去买这些衣服。

为了支持二宝外出，我只好带着她的现有衣裤，自己去商店比量衣服尺寸，帮她买需要的各种服装。 妈妈帮孩子买衣服，看上去是一件非常小的事情。 但在二宝出发前的忙碌时刻，我为她把服装问题摆平，这令她备受鼓舞。 家长和孩子的亲情，不就是在平时的无数小事中慢慢建立起来的？ 虽然我在到处为她找合适的衣服时有些疲劳，但我确实是乐在其中。 助人为乐，助孩子更乐。

美国高中生特别忙，虽然二宝参加这个哈佛活动并不能保证她以后能去哈佛，但这种活动可以在多方面锻炼孩子，无论如何，我都大力支持她。 因为这种活动都是自费，飞机票、旅馆、食物、零花钱等，都需要父母掏腰包。 二宝是个懂事的孩子，如果花销太大，她会心生内疚。 每当这时，我都会安慰她："为了教育，花多少钱都值得，反正妈妈也不买什么 LV 包和钻戒，妈妈不用的钱给你去哈佛游学，不用有任何心理负担，所有的花销都是应该的，只要是应该的花销，就是物有所值的。"经我这么一说，二宝乐了，高高兴兴地踏上了哈佛之旅。

去哈佛游学，虽然可以开阔孩子的视野，但二宝也为此付出了很多。 他们外出的几天，学校还在正常上课。 在出发的前一天，为了补上功课，二宝连夜突击，几乎做了一个通宵，才把所有的作业都提前做好了。 到了哈佛以后，他们每天的活动也安排得满满的，三天的培训活动，一直进行到夜里 12 点。 这样一弄，孩子们只能在后半夜才能睡觉。

虽然美国高中给学生提供了很多机会外出游学或者参加校内的各种俱乐部，但并不是美国学生都能充分利用这些资源提高自己。 是否参加这些活动，不仅和学生个人兴趣和精力有关，也和家长的态度有关。 我通常不强迫孩子参加各种活动，但只要他们有意参加，我一定不给他们泼冷水，而是支持他们的各种想法。 一切顺其自然吧，我希望孩子在美国宽松的选择环境中，能够通过各种机会提高自己的学习和生活能力。 至于参加这些活动和将来是否能进名校有多大的关系，我并不介意。 游学可以锻炼孩子，光这一点就足够了。

葬礼上的笑声

和小宝同班的美国同学杰克的妈妈不久前去世了，最近小宝几乎天天在念叨这事儿。念叨来念叨去，为了表示哀悼之情，小宝建议我们应该去参加这位美国妈妈的葬礼。

一提到葬礼，我首先想到的就是中国葬礼上的痛哭流涕和披麻戴孝。美国的葬礼到底是什么样的，我还真不知道。来美国二十多年，我参加过很多次婚礼，唯独这葬礼，我却一直没经历过。

参加葬礼前，需要和体操教练请假的小宝却犯了嘀咕："教练说，像我这个年龄的孩子，一般不应该参加葬礼。妈妈，我到底去不去呢？"

我家小宝实在是太善良了。根据我对小宝的了解，如果他不参加这位美国妈妈的葬礼，他会觉得他像做错了什么事似的不安。"去，不管教练说什么，你都去吧。和妈妈在一起，你什么都不用担心。"为了鼓励小宝，我俨然成了天不怕地不怕的虎妈了。

在去参加葬礼的路上，小宝又开始浮想联翩了："妈妈，我在电影里看到的葬礼，都很严肃呢。每逢葬礼，天总是下着雨，参加葬礼的人们都穿着黑衣服打着黑雨伞。"小宝爱思考，他对葬礼的想象已经非常文艺化了。"在文学作品和电影中，雨，总是象征着哀伤和愁苦。"听了我的解释，小宝似懂非懂地不再吱声，继续想象即将参加的葬礼到底是什么模样。

到了教堂，参加了这场葬礼之后，我对美国普通百姓的葬礼有了以下的感受：

（1）如果你不懂基督教和《圣经》，这样的美国葬礼，你基本搞不懂。葬礼期间，既有牧师为大家朗读的《圣经》经典金句，也有葬礼参加者齐声合唱的圣歌。美国牧师反复提醒大家，琳达虽然在地球上死亡了，但她已经在天上开始了新生命。如果不相信《圣经》中的教义，谁能相信这样的安慰？

（2）以我这个东方人的眼光来看美国人的葬礼文化，我感觉美国孩子对逝者的尊敬程度不够。葬礼仪式结束后，所有参加者都需要向逝者的亲属表示安慰。在这个过程中，小宝的同学，也就是逝者的儿子，基本没站在亲属队伍里，而是到处跑来跑去和同学们嘻嘻哈哈。难怪我家小宝问我："妈妈都去世了，他怎么不哭呢？"

（3）今天的葬礼和美国电影中的葬礼大不一样。没有鲜花，没有烟雨蒙蒙，没有黑雨伞，没有表情沉重。参加葬礼的来宾和逝者家属谈笑风生，葬礼仿佛成了人们社交的场所。

参加了这样的葬礼之后，我不禁感慨：美国人天性乐观，没想到在葬礼上，他们还是这样乐观！在葬礼中，没有眼泪，没有悲伤，只有牧师布道和大家在歌唱。不夸张地说，这个葬礼和我每周参加的主日崇拜，基本没什么两样。这是小宝第一次参加葬礼，他也算是小小地开了眼界吧。重要的是，在葬礼上，小宝不仅温习了他在教会主日学上学到的《圣经》知识，也旁观了逝者亲属对逝者的态度。尤其是他的同学，很让小宝想不开，你妈妈都去世了，你怎么还那么高高兴兴的呢？

去纽约过十八岁生日

在中国时我就听说过，美国孩子长到十八岁时，就可以另立门户，离家远走了。 在美国这么多年，我发现，咱在国内道听途说的这玩意儿太不可靠了。 实际上，十八岁就轰孩子出门的美国人家并不常见呀。 放眼四周，我家学区里十八岁的美国娃娃们，基本还都在父母的羽翼下跃跃欲试，总想扑腾扑腾着闹点儿动静。

我家大宝过十八岁生日那年，家里就出了点动静。 无论是在中国，还是在美国，十八岁是个整景的年龄。 我不到十八岁时独自去省城上大学，十八岁生日那天，我偷偷摸摸溜回家过了生日。 日子过得真快呀，眨眼间，我的孩子也到了十八岁的花季。 和中国孩子相比，美国孩子比较自由独立。 为了过好这个特殊的生日，大宝通知我们老两口说：“爸，妈，我生日那天，我要和两位好朋友去纽约第五大道购物去。”哎呀妈呀，这孩子一张嘴就是纽约第五大道，这也太物质主义了吧。 这大冬天的，你们三个美国丫头该咋去纽约呢？

孩子爸倒是很配合孩子的物质主义，主动提出可以给他们当一趟车夫。 哪知道，咱家的十八岁丫头并不领情，还提出了让我失魂落魄的打算。 “爸，妈，我们三人自己坐长途车去，你们就别操心了。”不操心？ 这怎么可能。 美国长途车上有很多坑爹坑妈的流浪儿。　如果咱家孩子被这些坏人盯上了，我，我，我不敢往下想了。

　　咱家孩子还在和我们商讨中，另外两位同行丫头的家长们却都在保持着中立态度。　这样一想，咱觉得心理压力还挺大的。要是别人家孩子出点什么意外，那也得记在我家的账上吧。　越想我心里越没谱，越想我心里越嘀咕。

　　想当年大宝八岁时，还不敢自己睡觉。　哪知道过了十年以后，这孩子胆子比我都大了。　即使我想去纽约，我都不敢一人独行啊。　纽约那地方是国际大都市，第五大道简直就像个小联合国。　你说去就去，还说得这么容易，这么淡定。　假如你们有幸遇到中国的富二代，回来还不得和我抱怨咱家太穷啦。

　　经过反复的讨论协商，我们终于同意让大宝和同学去纽约过生日。　出发那天早晨七点多，由巴尔的摩开往纽约的汽车准时出发。　从巴尔的摩到纽约车程共四小时，往返路费 40 美元，也很经济合算。　当我看到大宝乘坐的长途汽车驶向纽约方向时，我心里不禁一阵伤感。

　　是的，孩子总是要长大的，但他们永远像风筝一样，无论飞多高多远，牵挂的线总是紧紧拽在父母手中。

第五课 5
LESSON FIVE

不可忽视的课外活动

　　已故南非领导人纳尔逊·曼德拉曾经说过，体育所具有的团结力量几乎无可比拟，它以年轻人听得懂的语言与他们沟通。根据这种看法，鼓励孩子参加丰富多彩的体育活动，意义非同寻常。让孩子参加体育活动，并不一定是为了和上名校直接挂钩。尽管爱好体育不能保证孩子能进名校，但体育的健身作用和团结力量，不也很重要吗？除了体育活动，音乐训练，艺术培养，信仰教育，也一定会让孩子们的综合素质变得更好。

体操中的心理素质训练

　　已故南非领导人纳尔逊·曼德拉曾经说过："体育具有改变世界的力量。它所具有的团结力量几乎无可比拟。它以年轻人听得懂的语言与他们沟通。"关于体育在学生成长过程中所起到的重要作用，美国国际开发署体育发展计划高级顾问莫里·塔赫里波尔认为，"它（体育）具有以独特和强有力的方式改变生活的能力"，体育能以积极的方式"吸引年轻人的注意力"。她进一步提到，重视体育价值的美国社区已将其纳入儿童教育的项目中。

　　我在中国接受中小学教育时，我们从小就明白身体好学习好的道理，我们都知道热爱体育、锻炼身体能让我们活得更健康，但体育对我们心理素质的影响，我们却知之甚少。有一次，我在我们当地的美国华人教会偶遇一位来自国内的职业体操运动员。在谈到体操训练时，这位当年的省级体操冠军无不感慨地告诉我，他从小接受的体操训练，让他受益终生。他认为，通过日复一日的艰苦的体操训练，他已经慢慢养成了凡事绝不轻易放弃的乐观性格。当他得知我的孩子们也在体操队时，大力鼓励我的孩子们，练，只要时间和精力允许，就一直练下去。听了体操行家的建议和鼓励，我不禁想起了我的孩子们参加体操队的日日夜夜。

　　我的孩子们能在美国迷上体操，其实纯属偶然。大宝在上幼儿园时，有一次，她被流动教学的当地某体操教练慧眼看中，认为大宝是个练体操的好苗子。 按照教练的建议，我们随即把大宝送到了体操馆。 当时因为我工作忙碌，根本没时间接送大宝参加高水平的体操课，无奈之中，她的体操训练被中止了。 等我全职回家之后，我再次把大宝带到了体操馆。 虽然这时候的大宝已经失去了练体操的最佳时机，但和大宝一同前去的二宝却参加了我们当地的体操队。 两年后，为了统一接送孩子方便和节省费用，小宝也参加了二宝所在体操馆的体操训练。

无论是在当年的圣路易斯，还是在如今的巴尔的摩，美国体操馆的中国孩子非常少。 这种状态除了和孩子的个人兴趣有关，我想这和中国家长的忙碌工作和生活大有关联。 因为体操队的训练时间偏长，孩子们经常需要家长在工作时间去接送。因为我全职在家，有这个条件为孩子当司机，而全职工作的中国父母们，谁有办法在工作中跑回家来接送孩子呢？ 在美国的中国孩子，很少有人去学体操，大多数中国孩子都去学游泳或各种球类运动。 因为体操队的这种特点，我的孩子们在体操队里必须要和蓝眼睛黄头发的美国孩子打成一片。 通过几年的体操训练，孩子们在体操队里确实结识了很多好朋友。 参加体育活动可以帮助孩子交友，这是我能看到的体育之美的第一个优点。

在美国，任何一个体育训练队大多都会有励志口号。 在我孩子所在的体操馆，他们的励志口号只有四个词：力量（strength），尊敬（respect），态度（attitude）和团队（team）。 每天，当孩子们去体操馆参加训练时，贴在墙上的这四个醒目的词会时时提醒他们要努力训练，尊敬教练和队友，端正态度，团结合作。这四个词里传递的正能量，和它们对孩子们心理素质的积极暗示，肯定会比家长枯燥的空谈效果要好。 在我看来，这是另外一种方式的寓教于乐。

通过我的观察和孩子们自己的体会，体操训练非常枯燥。每次训练，孩子们经常要重复同样的动作，直到练习到个人的最佳水平为止。 有时候训练强度过大，我家小宝的手掌都会磨出血泡。 即使如此，教练也不会让小宝停下来。 用纱布包扎好伤口之后，小宝肯定还要继续训练。 小宝如此，体操队其他的孩子也如此。久而久之，这些孩子们都养成了不怕苦不怕累的坚强品格。在我看来，这种体操训练和部队训练新兵时的重复训练有异曲同工之处。我们总想让孩子吃吃苦，但生活中确实没有太多的吃苦机会。在体操队里，我家孩子得到了吃苦训练，也体会到了体育力量的强大。

在体操训练中，孩子们尊重教练和队友的礼貌精神也很值得称道。比如训练时不迟到，服从教练的命令甚至是批评，可以让孩子们从小就体会到权威的力量以及必须服从教练。由于每个孩子的身体素质不一样，每个孩子接受各种体操技术的能力也不一样。比如说，小宝体操队的阿里斯天赋超群，每次比赛时他总是榜上有名，而同一体操队的威尔天赋就差一些，每次体操比赛他基本无缘上榜。在这种情况下，体操队里的这几个小男孩特别团结友爱。每当阿里斯获奖时，体操队里的所有男孩都会和他击掌祝贺，孩子们都没有任何嫉妒和不服气的心态。而当威尔比赛失利时，这些孩子们也会和他击掌表示鼓励和安慰。不以成败论英雄，这就是积极向上的体育精神。在日常生活中，我们不也需要这种精神吗？如果想让孩子获得这样积极的精神，不能靠父母和老师空洞的说教，而是要把孩子摆在一种竞技状态中，让孩子自己去体会这种精神。在我看来，体操队就为孩子提供了这样的心理训练机会。或许这就是曼德拉所言的"体育以年轻人听得懂的语言与他们沟通"。

至于体操馆的另外两个励志口号，即态度和团队精神，孩子们可以从上述所言的力量和尊敬中得到具体的弘扬。训练时不怕吃苦的孩子，他的态度就不会差。尊重队友的孩子，一定会具备基本的团队精神。正是通过多年来体操训练的熏陶，我家孩子的心理素质得到了极大的加强和训练。他们对长辈的尊敬，对同学的友好，遇到困难时不愿放弃的精神，都时时在提醒着我，体育可以让孩子变得更好，变得更坚强，就像我在美国遇到的国内体操运动员和曼德拉所言的那样。

体育带给孩子的荣誉感

在美国，中国孩子在学习成绩和钢琴比赛方面出类拔萃，这很常见。 中国孩子似乎有一个集体标签：成绩优秀者多，书虫多。 虽然很多中国孩子会参加各种各样的体育活动，但中国孩子的总体体育水平肯定不及美国人。 尤其是美国的黑人学生，他们在学校的各种体育比赛中几乎都是主力军。 中国孩子想在体育方面和美国黑人比肩，难度比较大。

我家小宝虽然也参加了各种各样的课外体育活动，但在学校的体育活动中，他肯定不是那种能和黑人孩子比试的体育健将。尽管如此，在小学五年级的体能训练中，我家小宝表现出色。尤其是在俯卧撑项目中，我家小宝可谓是力战群雄，夺得全年级第一名。

在当天的日记中，小宝这样写道：今天的体育课上，我必须要做俯卧撑来应对体能测验。 刚开始测试时，做俯卧撑很简单。 但当我做到四十个时，俯卧撑开始变难了。 我同学布兰顿做到四十个俯卧撑时，只好停了下来。 而我却鼓励自己继续做，最后我做了七十五个俯卧撑，得了年级最高分。 虽然做到最后时，我都有点累晕了，但我却非常高兴我坚持下来了。
（Today in P. E. , I had to do Push – Ups for the fitness test. In the beginning, the Push – Ups were easy but by the 40th Push – Up,

things started to become hard. Brendan stopped at 40, but I willed myself to keep going and I finally got to 75 Push – Ups, the max score. I was spazzing out but I was happy I made it.)

一听小宝告诉我他做了 75 个俯卧撑，我都晕了！ 十一岁的孩子，做这么多俯卧撑，不会是数错了吧。 看我有疑问，小宝及时为我答疑："妈妈，不会错的呀，我们两人一组，一个人做，一个人数。 而且，计数的同学还要大声数出来，免得出错。"

经小宝这么一解释，我终于相信了这 75 个俯卧撑的真实性。 据小宝介绍，他们年级有的女生做两个就撑不住了。 小宝在日记里提到的布兰顿同学，长得高高大大，一看上去就是个体育健将。 小宝在日记中提到了布兰顿，这里面有一份潜台词：我比布兰顿做得都多呀。 小宝对自己的满意和自豪感，从这几个词中可以看得出来。

仅仅一个小小的体能测试，就给小宝带来了这么多的快乐。由此可见，比起成绩优秀给孩子带来的荣誉感，体育给孩子带来的荣誉感毫不逊色。 小宝还告诉我说，不仅体育老师表扬了他，其他同学们对他也非常佩服。 可以想象，被老师和同学表扬的小宝心里一定特别高兴。

我家小宝不是那种五大三粗的孩子。 没想到身高中等的他，蕴藏的体能竟有如此之大，把那些美国孩子都甩在了后面。这件事虽小，却给小宝添了一份自信，多多少少也打破了美国人对中国孩子的某种偏见。 至少在这所美国小学里，中国孩子不仅学习可以名列前茅，在某些体育项目中，中国孩子也可以名列前茅。 这件事让我体会到，**成绩好，并不是荣誉感的唯一来源**。 孩子无论在哪方面获得荣誉，都值得我们家长鼓励。

这几天，小宝的教练通知我，小宝被美国东部体操协会主席邀请，将参加美国东部举办的体操比赛。 我一听，真的惊喜了一下。 咱家小宝虽然不是李宁的料，但他也算是冲出马里兰州走向费城了。 可喜可贺！ 据教练介绍，马里兰州一共有 12 个队员将去参赛，咱家小宝是十二人之一。 小宝虽然也很高兴，但他也比较谦虚："妈妈，我是 12 个人当中的最后一个呀。"哈，最后一个也光荣。 反正咱也不想当李宁，就这么参与一下也挺好。 这 12 个孩子来自马里兰州不同的城市，他们将统一着装，代表马里兰州前去参赛。 俯卧撑得全校第一，又代表马里兰州参加体操比赛，这两件事加在一起带给小宝的自豪感，从孩子自信的笑容中流露无遗。

买吉他,学画画

　　自从通过钢琴八级考试以后,二宝一直嚷嚷着要玩吉他,可我一直没把这事放在心上。 放假了,孩子的愿望再次蠢蠢欲动,我不得不认真对待孩子的请求了。 孩子催得急,我就跟着起急,可惜我又不懂吉他。 有一天,我忽然想起我们教会的资深音乐人老梁,我心想他或许可以帮忙。

　　吉他这东西其实挺酷,走哪儿唱哪儿,也挺浪漫的。 罗大佑和成方圆,都特会拿着吉他闹音乐革命,他们唱《童年》时,简直是太帅了。 咱不指望咱家孩子能唱出个成方圆来,只要能自娱自乐,也就行了。

　　平时我和老梁很少讲话,我们的对话加起来不超过十句。要是冷不丁求人,我心里还真有点儿战战兢兢的。 谁让我不善于求人呢。 谁知老梁属于热情相助的那类好同志,虽然我们平时交情不多,但一提买吉他,老梁满口答应帮忙。 就这样,在一个烈日炎炎的上午,我们一起到了吉他店。 老梁经过反复试音,最后为我们选了一个吉他。 天热,路途远,老梁知道我开车不行,主动拉着我们到处跑。 以前我还感慨世态炎凉呢,这就遇到好心肠了。 这个感动呀,别提了!

　　更让我感动的是,刚刚到家,老梁就开始给二宝上课了。经过二十分钟的基础训练,二宝已经学会了演奏吉他的一些基本要领。 小宝见状，也不甘示弱，他也抱着吉他开始嗡嗡嗡嗡了。 可以预测，吉他有望成为我家孩子的新玩具。

除了学吉他，我的孩子们还喜欢学画画。 经过近两年的课外学习，我家二宝怀着十分自豪而喜悦的心情，终于加入了我们学区的艺术尖子班。 这个艺术班的英文名字叫 GT Art。 在我们这里，最让家长们眼睛发亮的两个英文字母就是这个 GT 了。 为了让孩子能和 GT 挂上钩，中美的妈妈们几乎熬白了头，累弯了腰，天天提着书包，跟着孩子到处跑。 所谓的 GT，就是 Gifted and Talented 的简称，它的中文意思和国内的尖子班差不多。 数理化语文科学等科目有尖子班，这毫不奇怪，但美国学校的画画也有尖子班，则令我啧啧称奇。

我们学区共有 40 所小学，19 所中学，12 所高中。 这个画画尖子班的大约 30 个学生，就来自所有这些中小学的 5 ~ 12 年级的学生。 70 多个学校，只有 30 几个孩子被幸运选上，经我这么一算，二宝能挤进这个画画班，绝对属于小概率事件。 这非常令我欢欣鼓舞。

进这个班以前，二宝只在台湾老师开办的画画班里上过一年课，除此之外，咱没给孩子任何额外的训练。 七年级快结束时，是二宝的画画老师推荐她进这个尖子班的，老师还给了二宝一张报名表。 在二宝喜滋滋地收下报名表时，二宝邻座的日本女孩灵机一动，想个鬼点子出来。 别看老师没推荐她，这日本丫头居然主动找老师也要了一张报名表。 看看人家日本人的后代，多敢想敢干啊。 这孩子最后虽然落榜了，但她的精神值得我们学习。

无论是学吉他，还是学画画，都不一定能保证孩子进名校。如果家长把孩子的一切课外活动都和名校挂钩，那孩子的生活一定会少了很多的乐趣。 对孩子的课外活动，我的基本原则是，只要孩子喜欢，只要他们对某种课外活动有要求，我都尽量满足。 如果对这种课外活动我不懂，我会虚心求教他人。 只要这些课外活动有利于孩子的综合素质培养，只要家里的经济情况和孩子们的精力都允许，我基本能做到大力支持。

小宝喜欢主日学的三大原因

关于美国华人的宗教信仰问题，孩子是否去教会，完全由家长决定，并没有人会强迫家长一定要把孩子送到教会去。 我儿子非常喜欢每周日的主日学，有一次他为我列出了喜欢去教会的三大理由：

（1）喜欢听耶稣的故事。 《圣经》新约里有很多耶稣行神迹的故事，这些故事孩子读起来就像读神话似的。 我儿子有一本卡通版的《圣经》故事，在家里他经常会翻看。 对特别感兴趣的故事，他还会参照着读儿童版《圣经》。 孩子天性简单，小宝像我们当年相信"没有共产党就没有新中国"一样，他相信"没有耶稣就没有我们的一切"。

（2）教会里的零食好吃！ 毕竟是孩子，小宝什么时候都忘不了吃。

（3）老师和小朋友都友善。 在教会，通过聆听牧师讲道和主日学老师的教导，孩子们的灵魂很容易被净化。 身处教会这种环境里，每个人都容易变得友善。 任何教会每周都会有大人和儿童的金钱奉献，我儿子隔段时间就会捐点零花钱。 我个人认为，这对培养孩子的慷慨和爱心大有益处。

每周日我都会带孩子们去教会。 有时候，孩子们的体操比赛赶在周日，他们不得不放弃主日学，孩子们都会觉得很遗憾。

说实话，我并没特意引导孩子什么，只是在他们很小的时候，我就把他们带到了教会，正是在主日学的老师们在日积月累、孜孜不倦教诲中，孩子们的世界观和性格才逐渐发生了改变。 身为母亲，我不一定事事全都自己承担，但我需要为孩子积极寻找各种各样的教育资源。 这么多年来，我很庆幸我能把孩子领到教会，让他们接受在家里得不到的训练。

我家九岁的娃娃都学些啥?

小宝要过生日了,为了总结一下他一年来的进步,我今天来写个小宝成长流水账吧。您可千万别小看这流水账,越是流水的东西越真实,越解渴,越有可能载入史册! 咱家小宝在美国土生土长,小宝的成长史,从一定程度上可以代表美国广大儿童的成长史。

美国孩子都爱运动,咱家小宝也不能辜负他的美国护照。运动,使劲地运动吧! 小宝从小就要和美国孩子一起运动。 咱家小宝生来就爱好体育,这小子看球想玩球,看水想游泳,看见吊环想翻跟头。 目前小宝参加的体育活动如下:

(1)网球:每周上一次课,请私人教练,每次一小时,学费 30 美元一次。

(2)棒球:每周训练一次,比赛一次,学费特别便宜,八星期大约 100 美元。

(3)游泳:每周一次,一次 45 分钟,八星期大约 85 美元。因为学费便宜,报名就特别难。 每次报名,我天不亮就得起床去排队。 我自己感慨一下:当妈的不容易啊。

(4)体操:每周训练九小时,分三天完成。 每月学费 190美元。 体操是咱家小宝投入时间最多的体育项目,他现在是体操五级水平。

（5）武术：每周两次，每次45分钟。 每个月学费大约150美元。 小宝即将升入绿带。

不写不知道，一写吓一跳。 小宝居然参加了这么多的体育活动。 接送小宝参加各种体育活动，基本由我完成。 我虽然车技特别差，但在局部地区搞接送，我还算非常熟练。 体育虽好，但咱的孩子不能闲了大脑。 除了参加上述的体育活动之外，小宝还去公文学校和那些虎妈的孩子们一起赛跑。 学什么呢？ 一定是学算术和语文。 公文学校学费每年都见长，语文每月130美元，算术也是每月130美元，我们每月仅仅给公文学校交的学费就是260美元。

现在，小宝的算术和语文都达到了公文学校的G级水平。 公文学校的算术G级在学什么呢？ 在做一元一次方程呢。 小宝九岁就能解一元一次方程，真令我佩服啊，而且这种方程还带分数呢。 公文学校的语文G级正在分析名著的结构。 《80天周游世界》算名著不？ 咱家小宝今天的作业就是研究这部作品的时间、地点和人物。

上面的课外活动虽好，但好像缺少点艺术氛围。 为了培养小宝的艺术气质，小宝也得学钢琴和画画。 这两种艺术课都是私人教学，老师分别来自上海和台湾。 钢琴课每周上一次，每次45分钟，学费40美元一次。 画画课也是每周一次，每次两小时，学费20美元一次。

你看小宝是不是够累的啦。 别急，还没完。 作为炎黄子孙，小宝哪能不学中文呢。 鉴于小宝"日理万机"地忙东忙西的，学中文就不能再难为他了。 为了寓教于乐，我自告奋勇当了小宝的中文老师。 目前小宝在学中国暨南大学华文学院的中文第三册第六课《雪》：冬天到了，下起了大雪，满地白白的。

实事求是地说，咱家小宝的课外时间真的排得满满的。 即便如此，他还会有自由阅读、玩游戏、和小朋友玩的时间。 因为时间紧，小宝根本就不会嚷嚷上网玩游戏，我也就不用控制他的上网时间了。 常听一些家长抱怨，孩子爱上网，孩子爱看电视，该怎么办呢？ 这种事情，其实怪不了孩子。 孩子闲得没事干，当然要上网了。 要想孩子不上网，一定要给孩子找点其他好玩儿的事情做。

这么一总结，咱家小宝真的像个小忙人啦。 孩子忙是好事，只要他不抱怨，他不怕忙，我就更不怕了。 上次，学校关门，我在那天已经为小宝组织一场生日 party 了。 那天，共有 18 个中美孩子来捧场，所有孩子们玩得那叫一个欢！ 小宝收到一大堆玩具礼物，我花了一大把银子。 养孩子费时费钱，虽然如此，谁不爱孩子呢？ 大人省点儿，苦点儿，也不能亏待孩子。

可怜天下父母心，谁说不是呢。

第六课 *6*
LESSON SIX

化解亲子危机

任何家庭在养育孩子的过程中，肯定不会总是和风细雨的。比如说，孩子不按时交作业，孩子和我们争吵，青春期子女叛逆，是不是会让我们很苦恼？当遇到这些令我们头痛的事情时，身为妈妈，为了解决教育和亲子危机，我们是采用狂风暴雨的粗暴方式，还是以春风化雨的柔软姿态面对危机，这是一个至关重要的态度问题。到底该怎么处理这些棘手的问题？希望我和我孩子们的故事能带给您一些有益的思考。

惩罚不交作业的小宝

有一天上午查电子邮件时，我看到一封让我晴天霹雳的来信。 小宝的老师在信中说：你这孩子，最近不交语文作业，他的成绩不理想，希望过问一下这事儿。

我一看，火冒三丈。 咱家的孩子啥时候成了不交作业的坏孩子了？ 到底是什么原因呢？ 在信中，老师透露说，小宝给老师的解释是说他最近太忙了，没时间写作业。

我一边看，一边继续冒火。 你一个十岁的小娃娃，既不是习主席又不是奥巴马，能忙哪去儿？ 你有时间看电视，玩游戏，怎么会没时间写作业？

一想起玩游戏，我就心生怨气。 去年孩子爹在没和我打招呼的情况下，擅自给小宝买了个游戏机。 自从有了这个游戏机之后，我的任务就多了一份。 几乎每天我都要协调小宝和游戏机的关系，小宝心里闹得慌，我脑子愁得慌。 游戏机摆在那里，孩子心里总是痒痒的想玩。 昨天我已经痛下决心，把游戏机收了起来。 刚搞定游戏机，老师的告状信就来了，好像我有什么先见之明似的。

下午接小宝放学时，我一见面，对他就是一阵批评。 小宝知道错了，乖乖地不吱声。 这孩子，从小就懂识时务者为俊杰这个道理。 看到他怯生生的样子，我心里又开始心疼他了。 一会凶，一会软，我自己都觉得精神要错乱了。

到了家之后，小宝刚放下书包，我就先让他去地下室。对这种严重错误，口罚不够，还得体罚。在美国，大人不许打孩子。说实话，你让我打，我也舍不得。怎么体罚他呢？记得有一次带小宝参观美国海军学院时，教官用俯卧撑惩罚犯错误的学员。我用俯卧撑体罚小宝，算是专业对口了。他每次上体操和武术课时，总是用俯卧撑热身。

小宝听说要罚他20个俯卧撑，眼皮眨都不眨地就做了20个。管它有没有惩罚效果呢，我算是"刀出鞘，鞘离刀"地亮了一剑。严肃教育后，我开始轻声细语和小宝谈心。说吧，到底是啥原因，你不交作业。

小宝看我又和颜悦色了，自信心大增，开始对我实话实说了："作业太简单，我不做，考试就能得100分。"呦，弄来弄去，原来是我的超前教育出错了？美国学校，作业都算分的。即使考试得100分，扣掉作业分，你照样抬不起头来。我一听，找到问题根源了，随后严肃认真地告诉小宝，要服从老师，要敬畏权威。你瞧不起作业，就是瞧不起老师，懂吗？

这件事，虽然很意外，却让我意识到一些问题。小宝这孩子，太有主见了。我对他的了解真不够。每天他都规规矩矩地做数学作业，因为数学课的内容，他以前没学过。这小子倒挺会抓重点的，歧视会的作业，重视不会的作业。在老师面前，这怎么行？不管会还是不会，都得恭恭敬敬的。

那天睡觉前，小宝表态，要把没完成的作业都补上，争取学期结束时，还能得A。经过这件事之后，估计小宝会长记性了。否则，这辈子他再也别想玩游戏机了。一个多月后，小宝总算没让自己和我失望，补上所有的作业以后，小宝得了A。

通过这件意外的小事，让我明白一个道理。对孩子，我们该严厉的时候就要严厉。让孩子从小就养成按时交作业的好习惯，长大以后，他们才有可能按时完成工作任务。一个从小就拖拖拉拉且还不尊重权威的孩子，长大以后很可能就会离经叛道惹是生非。防微杜渐，家长一定不能心慈手软。

用颜氏家训和解母女冲突

做父母的头疼之事，莫过于孩子不听话。 我家最近就在闹母女大战。 痛定思痛，我得多自我检讨。

山穷水尽之际，我从《颜氏家训》中借来一句话——孝为百行之首。 我琢磨着，孝顺的孩子一定会顺从父母，顺从父母的孩子就比较容易听话。

为了检验我的逻辑是否正确，那天我对三个孩子说：来，都过来，你们都来学学这六个字——孝为百行之首。

孩子们的中文水平一般，按照字义，他们都不能深刻体会这句话的意思。 为了让孩子们明白这六个字，我煞费苦心地把它翻译成了英文。 我翻译了几个版本，每个版本都像营养不良的婴儿一样，面黄肌瘦，不招人喜欢。

为了鼓励我的用心良苦，最后孩子们都认同了这个译文：Respecting parents is the most important thing you should do in your life. 对，孝顺父母是人生的头等大事。 不孝顺父母的孩子，即使去了哈佛大学，都有人格缺陷。

给孩子们灌输完我的思想教育理念后，我特别希望他们能有所改变。 尤其是和我针锋相对的大宝，我是多么希望她能够从中悟出一些道理啊。 大宝幼年时，我母亲在美国帮忙照看她。母亲深谙中国的传统文化，她经常教大宝背"三字经"。 像孝顺父母的"香九龄，能温席"，这孩子从小就会背，但好像至今她还不能活学活用这种孝道。

也许是我的一份苦心终于感动了大宝，也许是大宝现在确实后悔几天前和我争吵了，听完"孝为百行之首"之后，大宝居然知道疼妈了："妈，你需要帮忙吗？"我洗碗的时候，大宝诚挚地问我。我一听，惊了一下。这孩子以前很少这样孝顺。为了给孩子省时间，我几乎不让她做任何家务。想想这也是我的不对吧。除了帮我洗碗，那天大宝还帮我倒了垃圾，又整理好了桌上的剩菜。这孩子，是真开窍了，还是一时激动呢？无论如何，我感觉正确的引导确实很重要。当我责怪孩子的时候，也应该想想自己是否有欠缺之处。《圣经》里也说过，作父母的，不要惹子女生气；作子女的，也要顺从父母。父母和孩子之间互相体谅，一定大有益处。

那天大宝确实把我气得够呛，我都发誓不想管她了。不过一看到孩子有些进步，我的心又软了。血浓于水，父母能和孩子计较什么呢。但愿我的孩子们都能明白"孝为百行之首"的道理，一家人少些争吵，多些微笑吧。

一位80后读者"绝色凡猪肉"读完我上述的故事后，给我留言。这个读者留言提醒我，我应该多站在孩子的角度，考虑一下孩子的心情："青春叛逆期，我那时候也是天天跟我妈吵，后面读书寄宿了，就一点事都没了，哈哈，我认为大人的错在于不理会我们的解释，总认为自己是对的，然后要我们按着大人的标准去做，可我们都是有个性的人，好的就做，不好的有自己的想法嘛。要多理解多沟通。"

的确，高中生都很有主意，如果我们大人和孩子们谈不拢，那就像手里握着个定时炸弹似的，一不小心，就会闹出大动静。为了家庭和平，一旦和孩子意见不统一，我决心耐着性子和女儿谈判。

在学业上，我家大宝的"闭关自守"做法最让我头痛。有一次，她数学考试成绩很不理想，我都急死了，她还不想找家教帮忙。 一旦我显露出怀疑的态度时，她就会说："妈妈你不相信我。"孩子，我想相信你，但你的分数不争气呀。

遇到任何搞不清的事情，我有时候会看看星座什么的。 那天我特意看了看英文版的星座，我发现我女儿生日那天的特点之一就是封闭固执（closed）。 瞧，养孩子的学问真大，孩子是哪天出生的都有讲究。 最后我们和谈的结果是，我让她自己再扑腾一个月，等到学期中间报告时看看数学追赶情况如何。 如果还是不行，那就非得找家教不可了。 一个月之后，大宝终于投降，同意找家教了。 从此以后，她的数学成绩开始稳步提高，我也总算可以松口气了。

孩子不是机器人，他们不可能永远服从我们的指挥和摆布。身为家长，我们应该允许他们有自己的想法和活动的空间。 一旦遇到困难和冲突，和孩子耐心和谈，才是健康的做法。 家长的河东狮吼和棍棒相加，根本不能最终解决问题。 无论以哪种方式，让孩子自发地孝顺父母，这对化解亲子危机大有好处。总而言之，孩子孝顺父母并不意味着事事服从。 尤其是在当今的现代中国，如何用"中西合璧"的思想来教育孩子，即在反思一味要求孩子服从、听话的中国传统文化基础上，引入西方尊重孩子的平等意识，这是非常重要也是非常必要的。 学会平衡使用中西方教育中的精华，是中国妈妈们需要时时操练的重要功课。

不做恐怖妈妈

耶鲁法学院华人女教授的《虎妈战歌》在中美媒体曝光之后，一石激起千层浪。坦率地说，此文的观点把我搞得浑身不自在。难道说一流妈妈就得是凶妈妈？这有点太恐怖了吧。我虽非一流妈妈，却曾被美国男孩冠以恐怖妈妈之名。恐怖妈妈大概比凶妈妈还坏。这么一算，我不是亏死，也得冤枉死。

我这"光荣"称号从何而来呢？这得从美国高中说起。美国高中生都时兴男女交朋友，我家大宝当然也不例外。我给孩子定的底线是，交友可以，但出轨不行。啥叫出轨？大家都是成人，出轨并不需要我做具体解释。大宝倒是个乖孩子，凭我近年来的观察，她和男同学交往时，肯定没有出轨行为。

和大宝两小无猜的伙伴是一位叫 Frank 的美国男孩。Frank 的爸妈都是搞艺术的，据说他们两口子曾经担任过钢琴演奏家。我家大宝大概遗传了我的某些特点，这丫头也喜欢有艺术气质的男孩。在和 Frank 交往的这两年里，大宝总是安慰我："妈，你别担心啦，Frank 不是坏孩子，他和亚洲孩子一样，重视分数，熬夜看书。考砸了，他会生气；考好了，他会敲鼓。"

别看这个 Frank 不起眼，他却是学校爵士乐乐队的一把手。应该承认，Frank 确实是个品学兼优的美国男孩。本着"近朱者赤"的精神，我对大宝和 Frank 的交往并没有绝对的干预。我就不信，美国高中功课那么忙，他们在学校能玩出什么花样呀。

尽管大宝经常唠叨 Frank 如何如何，我真没把这小子当回事儿。高中生的感情虽然很纯很甜，但却命短。 对短命的东西，根本不值得我大动干戈。

不过，有一天却突然出现了险情。 那是一个冬天的下午，北风呼呼叫，雪花轻轻飘。 我在去图书馆还书的路上，无意中发现大宝和 Frank 正站在路边说说笑笑。 哎呀，孩子，你不要命啦。 这么冷的天，谈什么呢？ 你们不都有 facebook 和网络聊天工具吗？ 你们 90 后何苦采用我们老一辈革命家古老的谈情说爱法呢？

说是谈情，我大概是冤枉了我家大宝。 我从车上看，他们好像正在讨论一件什么有趣的事情。 "快回家去，抓紧时间写作业！"经过一番激烈而短暂的思想活动后，我不客气地向大宝下指示。 虽然我说的是中文，但 Frank 这孩子肯定能听懂。Frank 就像是美国电影《闻香识女人》中的 Frank 一样，凭声识人，他一定有解读中文的特异功能。

只听我一声令下，这两个孩子马上分道扬镳各回各家。 可怜的孩子们呀，我棒打小鸳鸯，也有点负罪感。 但无论如何，我这个老一辈妈妈认为，高中生在寒冷天气里卿卿我我，很不好，很不对。 妈妈很生气，后果很严重。 如今什么事情都讲究付出回报比，假如你们没收获感情，却收获个感冒，那可真不值。

从此以后，大宝和 Frank 再也不敢在我家附近公开见面了。那天我确实吓坏了这两个花季少年，并有 Frank 的亲口词为证：Your mom is so scary！（你妈妈太吓人啦！）言外之意，在这位美国男孩眼里，我就是一位恐怖妈妈。

据说中国妈妈在美国已经成了"悍母"的代名词啦。 从我的个人经历来看，美国人的这种看法太有可能了。 美国的"中国悍母"就是由无数个像我这样的妈妈组成的。 在美国，肯定还有很多和我一样的中国妈妈在横行霸道。 大宝虽然表面上温顺了，但我知道她心里肯定不高兴。 为了不让自己被冠以"凶妈妈"的称号，我对他们两人的交往，采取了顺其自然的态度。还是那句话，只要他们不出轨，我就不加干预了。

小宝害得我做恶梦

我这人有个本事，白天想什么，夜里就能梦到什么。 你猜我昨夜梦到什么了？ 昨夜通宵一宿，我的梦里都是小宝的数学考试卷。

如我所料，小宝的数学尖子班考试没通过。 这个结果虽然在我的意料之中，但昨天得知小宝的成绩后，我还是有些闷闷不乐。 难怪老公特别奇怪："我没惹你呀，你咋这么大脾气呢。"不是我脾气大，而是我疑惑大。 小宝现在已经会做线性代数了，尖子班考试再难，也不会有线性代数内容吧。 这就相当于小宝都已经会跑了，但考步行走路时他却掉链子，这说不过去，我能不在梦里研究这事吗？

昨天收到考试结果后，我忍着不安，没把结果告诉小宝。因为他今天白天有个体操比赛，我怕这个消息会影响他正常发挥。 德智体几方面发展，即使数学没考好，也不应该给体育拉分。

我忍啊忍，小宝总算完成所有的体操比赛了。 下午，我拿着考试成绩单，心平气和地和小宝谈心："儿子，你说吧，尖子班没考过，你心里觉得怎么样。"小宝望望我，用尽量不在乎的口气对我说："我觉得还行吧。""什么，没通过还行？ 你这孩子是不是没有挫折感和失败感呢？"听了小宝的话，我心里有点儿耐不住了，正想教育他几句，我忽然发现他的眼眶里有泪水在涌动，但他还是用平淡的目光望着我，整个一"男儿有泪不轻弹"的少儿版。 小宝心里肯定也难受，尤其是班上同学都觉得他很聪明，有时候他还向同学们显摆自己会做方程什么的。 骄傲使人落后，说得没错吧。

孩子虽然成绩不理想，但这肯定不是世界末日。 打骂孩子根本没用，而且我根本舍不得碰我儿子半个手指头。 为了开导我自己，更为了开导小宝，我用今天的体操比赛来说明一下竞技无常的道理。 小宝的体操队有一个叫大力的美国男孩，大力天赋好，力量强，是这个体操队最优秀的体操队员。 今天比赛时，他在做地面上的一个表演时，突然忘了一个动作，他因此丢了好几分，成了队里成绩最差的队员。 考试和体操比赛一样，变数多，发挥不好也算正常。

说服了自己和小宝之后，下一步我就要想办法了。 美国学校还算比较民主，如果孩子没考进尖子班，家长可以写信推荐，并提供必要的材料和证据。 我为小宝搜集证据时，我的信心又回来了。 去年公文学校给小宝发了一封祝贺函，祝贺他在上高中以前就开始学代数了。 再加上小宝现在本来就在数学快班，成绩都是 A，我对推荐小宝上尖子班这事非常有信心了。

人不能什么都好，受点儿挫折，没什么大不了的。 前天小宝告诉我，他们学校体育课让学生们做俯卧撑，小宝一口气做了50 个，体育老师对此大加赞赏。 有好有坏，这才是生活。 孩子从小就体验到一些挫折，这也算是蜜罐子里的一种调剂吧。 估计我不会再做梦研究小宝的数学卷了。

当孩子想上家庭学校时

最近小宝天天和我唠叨要上 Home School（家庭学校）。 哎哟，咋啦？ 你不喜欢学校了？ 还是有人在学校欺负你了？ 如果你上家庭学校，我得天天伺候你，而且你还会与世隔绝。 咱娘俩，一个人忙，一个人孤单。 这日子，咱们该咋过呢？

小宝看我不买账，开始给我敲小算盘了。 "妈妈呀，没有调查研究，就没有发言权呢。 我之所以想上家庭学校，这是因为我们体操队的大力就在家里上家庭学校！"

大力？ 我恍惚知道这孩子。 他今年虽然刚刚 13 岁，但他的体操水平都快达到李宁了。 为了冲出美国，走向世界，平时他训练的时间特别长，据说这孩子的功课还不错。 难道说，在家庭学校接受教育的孩子，真的能做到德智体几方面都全面发展？

虽然我早就知道美国的家庭学校，但这种教育方式在美国并不占主流。 不管别人家怎么看家庭学校，我本人是拒绝这种教育方式的。

首先，我担心孩子尤其是男孩子有恋母情结。 小宝，你一个男孩子，天天跟着妈妈跑前跑后的，算什么事呢。

其次，孩子到正规学校接受教育，可以培养他和群体打交道的能力。 在我看来，在家庭学校里长大的孩子，就像温室里的花朵似的，经不起风吹日晒。 这些并不是我杜撰出来的胡思乱想，而是有真实例子为依据的。 据小宝反反复复地告诉我，大力可以天天睡懒觉，有时候十点钟才起床。 就这点，对小宝的诱惑最大。 难怪这小子天天给我敲小算盘。

第三，孩子虽然重要，但他们并不是我们生活的全部。 作为家长，我们要有自己的生活乐趣和空间。 如果小宝上家庭学校，虽然在知识方面，我可以应付到高中，但若让我天天围着他转，我是非常不甘的。 **爱孩子和紧紧抓住孩子不松手，应该是两个概念。 距离产生美，对亲子关系同样适用。**

我是这样想的，但小宝却不这样看。 为了说服我，他又敲起了小算盘。 "妈妈呀，你听我说，你要怕累，你可以雇一个人教我呀。 大力说，他的老师并不是他妈妈，而是一个二十几岁的年轻老师。 大力说，他每天只上两小时的课。 其他时间他都是在玩！"

又是大力！ 看来孩子和孩子之间的影响力太大了。 这几天，小宝反反复复地要求着，我一遍遍地否定着。 小宝啊，妈妈本来就不挣什么大钱，你还想雇人，咱要是这样做，恐怕没几天咱们就得喝西北风去，万万使不得啊。

这几天，对家庭学校，小宝还是不甘心。 尤其是一到体操馆看到大力，他就又开始蠢蠢欲动了。 唉，可爱可怜的娃啊，对家庭学校，妈心如铁石，你的小算盘，就别敲了吧。 有功夫，给妈妈敲敲后背得了。

从昨天起，我们这里开始下大雪，美国学校全天候关了门。今天小宝在家里的客厅徘徊了几个来回之后，忽然恍然大悟："妈妈，其实家庭学校也有不好的地方。 比如说，下雪天，学校关门了，但家庭学校还得照常上课。 嗯，家庭学校也不是总好。"

嘿，小宝，你能自己想明白就行。 鱼，你所欲也，熊掌，亦你所欲也；当二者不可得兼时，你还是舍鱼而取熊掌继续爬山吧。

第七课 *7*
LESSON SEVEN

家庭教育热点话题

早恋、上网、玩游戏、不会合理利用时间、动手能力差，诸如此类的问题，不仅困扰着中国孩子，也让中国家长无所适从。加之担心孩子上不了名校，毕业以后找不到好工作，确实会让中国家长集体焦虑。尤其是如今社会竞争越来越激烈，孩子们越来越有主见，现代妈妈该如何应对家庭教育中的种种困惑，已经成了我们不得不集体面对的难题。

如何看待孩子的早恋？

　　无论哪国的家长，早恋的孩子总会让家长担心。 中国家长对早恋的最大担心是怕早恋影响孩子的学习，其次担心孩子因早恋失败，情感受挫。 还有一个最致命的担心是，少男少女因把持不住而未婚先孕。 去年年底，美国总统奥巴马做客"脱口秀"时，也提及了对女儿早恋问题的关注。

　　稍微留意一下，你就会发现，美国高中到处都是成双成对的高中生。 我的孩子身处这样的环境中，难免会主动或者被动地尝到早恋的滋味。 你不找别人，别人找你；你不想找别人，但情感来了又身不由己。 我们成人在情感上种种的可能，在美国高中生，甚至是初中生身上都有可能发生。

　　对孩子的早恋，我的基本态度是：不鼓励，不干预，顺其自然。 我之所以这么放手，大概和我年少时的经历有关。 我当年受到的情感伤痛，让我能设身处地地为孩子着想，也比较容易理解孩子们的恋情。 我在高中快毕业时，一位年长我一岁的高年级男生给我写过信，信的内容无非是好好学习，争取考上好大学。 我和这位男生素不相识，没说过话，没拉过手，没单独在一起呆过。 就这么简单的一件事，却让我的老师和父母如临大敌。 他们背后的窃窃私语和当面的旁敲侧击，让年少的我心里充满了无法述说的委屈。 我常常自己悄悄流泪，我实在不解为什么老师和家长不相信我，甚至他们还把我想象得那么龌龊。

由于我经历过的年少情感，我在对待孩子的早恋问题上就比较开通。我提醒自己，绝不能像当年的长辈对我那样对待我的孩子，我更不能让孩子对年少情感有龌龊感。只要学习成绩没退步，只要孩子情绪稳定，只要自己的女儿不天天和男孩子粘在一起，我对这样的早恋是可以接受的。

我家大宝上高二时，有一位很要好的美国男孩，根据我对早恋概念的理解，我知道大宝和他的交往就属于早恋行为了。孩子早恋了，我该怎么办呢？我既不能吆喝男孩走开，也不能找男孩家长去论理，我更不能打骂自己的孩子。任何情感都值得我尊重，何况是自己的孩子呢？当我意识到大宝开始早恋之后，我和她简单地谈了谈，并把我对早恋的态度和她讲清楚。

其实在美国长大的孩子都比较有主见，我向大宝兜售的这些看法，她本人也很清楚。对大多数美国高中生而言，他们不会轻易把高中生的恋情当作海誓山盟的证据。孩子的容颜会变，未来的教育环境和生活环境会变，孩子的想法也会随之改变。在如此之多的变数下，让早恋的情感顺其自然，我觉得这样才比较靠谱。尽管未来没有定数，我还是提醒孩子珍惜高中时的情感，珍惜同桌的他，不要把男孩的情书轻易地丢在风里。

我对孩子早恋不干预的态度，得到了顺其自然的回报。大宝上大学之前，她和这位美国男孩不再以男女朋友相处了。在情感发生变故时，我没看到大宝哭天抹泪，我也没看到大宝和这个孩子以恨相见。他们还是好朋友，毕业典礼时也会在一起高高兴兴地合影留念。大宝能把高中的情感平稳地过度，很让我欣慰。

日子过得很快，转眼间我家二宝也到了面临高中情感的阶段。根据我的观察，二宝和一位中国男孩走得比较近。这事我很开心。说来说去，我还是喜欢女儿和华裔男孩交往。这不是歧视，而是我们的身上都流着同样的血，说着同样的语言，更容易有亲近感和认同感。二宝比较含蓄，从不主动和我谈起这个男孩。 但我最近发现，不管多忙多累，二宝总喜欢周五晚上去上画画课。 有那么多的画画上课时间可选，二宝为什么非要周五去凑热闹呢？ 经过一段时间的观察，有一天，我终于恍然大悟：原来那位中国男孩就在周五的画画班上。 知道二宝的这个小秘密之后，我不禁笑了。 孩子呀，少男少女情怀总是真。 妈妈理解你的小心思，周五就周五吧。

奥巴马身为美国总统，他对女儿的恋爱指南是什么呢？ 只要他尊重你，对你好，我就不会为你担心，这就是奥巴马对女儿的恋爱指南。 身为普通家长，我很认同奥巴马的观点。 孩子还小，她们离谈婚论嫁的时候还太早。 只要孩子在和异性交往时，能心存善心爱意，尊重对方，并被对方尊重，这样的小恋情也就值得我尊重。 或许你不相信，早恋有时候也会有正能量的。 比如去年大宝的一个课题报告，需要采访一位心理医生。你可能想象不到，大宝的采访对象就是她现在男朋友的爸爸。美国家长对孩子高中恋情的基本态度，从这位心理医生爸爸对大宝的态度上，你也可以有所感悟。

孩子暂时的失败并不可怕

最近我看了一部教育电影，心中很有感触。 这部电影的名字叫《成长教育》，改自英国《星期日泰晤士报》记者琳·巴贝尔的回忆录。 在这部电影中，16 岁的少女珍妮被父母期望着考上牛津大学。 就在她苦读书本期间一个雨天，珍妮邂逅了成熟男人大卫。 对方的风流倜傥和举手投足间的迷人气质深深地吸引了珍妮。 大卫不断带珍妮出入高档酒吧、艺术品拍卖行和高级餐厅，甚至说服了珍妮的父母，带她游览了梦寐以求的巴黎。灯红酒绿中，珍妮迅速坠入爱河，把学业抛到了脑后。 只可惜事实真相并非梦想中那样美好，原来这位男士是个有妇之夫。珍妮在得知真相后，痛定思痛，重新拾起被丢掉的课本，最终如愿考入牛津大学。

我觉得这部电影有两大主题值得我们家长们关注。 一是高中生的早恋问题，二是孩子失败后该如何再重新振作起来。 关于早恋问题，我在上文已提及，不再赘言。 我最关心的是第二个问题：孩子失败以后，该怎么办？

这部电影中的女孩，因为爱上了不该爱的男人，不仅情感受挫，学业也搞得一塌糊涂。 当女孩处在这种双重尴尬的状态中时，她的爸爸用一种不经意的关爱，唤回了女孩的自尊和重新考试的决心。 女孩父亲的这种做法，很值得我们学习和借鉴。

当我们管教中小学的孩子时，身为家长所能遇到的最常见的失败就是孩子成绩不理想。考试没考好，我们是讽刺挖苦打击孩子，还是鼓励孩子下次继续努力？中国的应试教育，让中国的孩子们都成了分数的奴隶，国内的一些家长误以为美国学校的成绩竞争没有国内激烈，为了让孩子逃避中国的应试教育，纷纷把孩子送到国外。岂不知，在美国学校拿高分，并不是那么容易。

在我的三个孩子中，最多尝到失败滋味的是大宝。大宝是我家的第一个孩子，无论是家庭教育，还是应和美国学校的教育，我本身的经验就不足。我不得不承认，我对大宝的教育确实有偏差之处。加之大宝本身对理科学习的兴趣和天赋都不强，她的种种失败感，都和理科有关。

大宝上初二以前，她是在教育水平一般的美国中部上的学。在圣路易斯，即使理科不强，大宝也绝对是班级的尖子生。但搬到教学质量极高的美国东部以后，大宝在学业上没有任何优势，她在班级中很难拔尖。从高才生变成了普通生，这种落差对大宝的自信心打击很大。即使上了大学以后，大宝依然认为，如果我们不搬家，她还在原来的学校，她上的大学肯定会比现在的这个好。可惜，生活是单行道的高速公路，我们做父母的为了生计，只能往前走，不能再回头，大宝原来的学校只能是她的记忆，而不可能再成为她的避难所。

虽然大宝就读的大学不是哈佛那样的名校，但这个学校也属于美国公立名校。加之这所大学里有很多美籍华人学生，虽然这所学校不是她梦中的学校，但大宝的心态尚可，她也很自豪能在这所学校就读。她本来一心一意想学医，可进了大学以后，医预科的化学课让她狼狈不堪。和文科有关的课程，大宝应付得都不错，但这门化学，把大宝折腾得不轻。大宝努力了半天，最后成绩还是不理想。就这样，大宝再次经历了失败的打击。

我和我家的孩子们有个明确的约定，不管成绩如何，哪怕是不及格，我绝对不向孩子大吼大叫。 得知大宝的化学成绩后，我心里很为她难过，也很心疼她。 哪个孩子不希望考试成绩优秀呢？ 实在考不好，孩子也算是尽力了。 这么一想，我的心情非常平静，大宝也来信安慰我，"妈妈，请不要为我操心，我的事情我自己来操心。"听大宝这么一说，我更心疼她了。 于是，我们娘俩儿开始考虑下一步该怎么办。

我在中国上中学时，物理课是我的噩梦。 虽然我是班级的高才生，但物理课经常让我难堪。 到了美国以后，每当我遇到困难时，夜里总会有惧怕物理考试的噩梦。 我想，这化学课对大宝来说，就像物理课于我一样。 当年我在中国上中学，物理课是理科生的必修课，即使我不喜欢物理，我也要硬着头皮上。但在美国就不一样了，孩子有很多课题和专业可以选择，大宝为什么非要在化学课上吊死呢？

我的这个想法和大宝自己的思考不谋而合。 化学成绩公布不久，就该决定下学期该修什么课了。 此时此刻，大宝考虑的不仅是学校的功课，她更想到了遥远的未来。 是继续读医预科，还是转向她擅长的文科类？ 经过我和她的讨论，还有孩子爸爸的参考意见，最后大宝决定放弃医学改学法律专业。

我们做家长的，当然也包括我自己，经常会陷入一种误区。**我们过分关注孩子不擅长的科目，而忽略了孩子天赋好的领域。**比如我家大宝的SAT考试，语文和写作部分她没怎么准备，考分就非常高。 而数学部分，她考了好几次，也接受了家教的辅导，但成绩就是难以提高。 显而易见，数学不是大宝的强项，后来的大学成绩又证明，化学也不是她的强项。 根据这种实际情况，我们认为，与其让大宝在她不擅长的理科里苦苦挣扎，还不如让她在她擅长的文科领域里如鱼得水。 我的这种想法得到了大宝本人和她爸爸的赞同。 现在的大宝，已经从梦想中的医学生转身成了法律预科生。

当然我应该承认，现在就预测大宝的职业未来还太早，虽然我不能肯定大宝未来的律师生涯会一帆风顺，但作为家长，在她陷在理科学业不理想的黑暗中时，我确实给她提供了一些微弱的光芒。因为我对她的不责备，我的孩子才不会因为化学考试不理想而一蹶不振，她不会因为化学成绩不好对未来失去信心，她更不会为此跳楼自杀。我认为，孩子失败并不可怕，可怕的是孩子和大人都被失败吓傻了。我相信，总有一门科目会适合孩子，总有一个专业是孩子未来职业的天堂。当孩子的路途出现暂时的黑暗时，我们做家长的，应该是永远照亮孩子的路灯，哪怕是微弱的光芒，我们也要尽力为孩子指明未来的方向。

让孩子学会合理利用时间

年少的孩子们每天总觉得日子过得太慢。 如果我们对孩子们说，一寸光阴一寸金，一日之际在于晨，估计他们很难明白其中的道理。

关于作息时间，美国学校有一个特点。 小学时，孩子们的课余时间特别多，仿佛时间多得不知道该怎么打发才好。 而上了高中以后，孩子们的功课突然多得不得了，仿佛时间又不够用了。 对孩子而言，及时适应美国学校的课程变化，并学会合理利用时间，无论是在小学还是高中，显得特别重要。

我本人非常爱惜时间，每当我看到孩子们浪费时间时，我真为他们惋惜。 但我明白，作为母亲，惋惜没用，用具体事例帮助孩子明白时间宝贵的道理，才是最重要的。

积少成多，化整为零，也能让时间创造奇迹。 我上亚洲文学课时，我们的美国老师就是一位很会利用时间的教授。 当教授讲了一个多小时的小说之后，在余下的两三分钟里，他经常让我们读一些短小精悍的诗歌。 久而久之，我们用这些零散的时间额外读了很多小诗歌。 对孩子，我也经常用这个故事提醒他们要珍惜任何小小的时间，哪怕是用一分钟读一首诗歌，你都会受益。

在引导孩子合理利用时间时，我们时常会和孩子们的个人要求有冲突。 比如，孩子们想出去玩，我们却想让他们读书，这到底该咋办？ 几年来，在我的几个孩子身上，我慢慢摸索出了一个"三明治"管理法，我觉得比较有效。

如果把孩子的娱乐时间比作三明治中间那块肉的话，那么，我会要求他们在吃这块肉之前，先吃掉肉上面的那片面包。 吃完肉之后，再吃掉肉下面的那片面包。 这是什么意思呢？ 比方说，我家大宝想出去玩，我要让她先好好读读书，然后再出去。 等玩回来之后，我还会提醒她把心收回来，再继续读书。 这样一来，孩子们基本可以做到学习和娱乐都能兼顾。

在一个情人节过后，大宝给我寄来的一封信，就可以具体解释我的"三明治"管理法了。 在她出去玩以前，她这样说：Hi mom, as you know, valentine's day is coming up and Andy and I wanted to go to georgetown this saturday to celebrate. I have been doing my homework and readings ahead of time, so I will have time to take a small break. Do not worry about my school work. （大意为：妈妈，情人节我想出去玩。 我已经事先做过功课了，请不要担心。）等大宝玩回来以后，她又给我写了这样的信：Hi mom and dad, today I went to georgetown with Andy to celebrate valentine's day. It was very cold but we had a lot of fun. Right now I'm doing some work for classes. （大意为：妈妈，我玩回来了。 我们玩得很开心，现在我要开始准备功课了。）

在提高时间的利用率方面，我还有一个旁门左道的招式，估计会有很多家长反对我的做法。 那就是我允许孩子一边吃饭一边看电视。 比如小宝，每周体操训练回来以后，都快晚上九点了。 练了四个小时，他肯定特别累，也很枯燥。 为了让他休息和散心，他经常在吃晚饭时，看一会儿喜欢的电视节目。 以前总听有人说，一边看电视一边吃饭，影响消化。 这是否有医学根据，我不想妄言。 即使我允许孩子吃饭时看电视，他们也没跟我抱怨过胃痛，电视也没影响他们成长。 就此来看，一边吃饭一边看电视，不一定是洪水猛兽。

总而言之，好好利用课余时间，尽最大可能让孩子们得到全方位的娱乐和学习，是我让孩子好好利用时间的总目标。 该玩时，就让孩子开心地玩，不要让他们有负罪感。 该学习时，就让孩子专心致志地看书，不要三心二意。 记得一位伟人说过，会休息的人会工作。 我希望我的孩子们既会玩又会学习，既不要成为书呆子，也不要玩物丧志。

绝不让孩子沉迷于电子游戏

在我每星期去做礼拜的华人教堂，活跃着一大帮华人子弟，其中当然也包括我家的小宝和二宝。按理说，在教会长大的孩子应该很节制。因为除了父母的教育，这些孩子每次去教会都要学习《圣经》。若这些孩子们都能听从上帝的教诲，我想这些孩子们都应该特别有自控力，最起码他们应该能远离电子游戏的吸引。

昨天我给四五年级的孩子们上了一次课以后，我才知道，我想的真是太理想化了。至少在我们的教会，如今的孩子们已经把电子游戏当天堂了。即使在教会这样的宗教环境中，电子游戏也是大行其道的。

何以见得呢？上课前，我和这些学生们随意聊天，我问：你们最喜欢的课外活动是什么？这些孩子们几乎异口同声地回答：玩电子游戏。我还发现，在我讲课的过程中，几个孩子手里拿着iPad，说是在查《圣经》，其实都是在玩游戏。一见此状，我惊呼不好。如果不是亲自给孩子们讲课，我根本就不知道教会里这些孩子的课堂表现如何。

等我回家和小宝谈心时，小宝明确地告诉我，别的老师上课时，他的同学们也基本是这样。昨天小宝刚好有体操比赛，没能来教会上我的课，所以我对他的课堂表现，并没有直观的认识。 于是我让小宝评价自己在课堂上的表现如何。 据小宝谦虚地自我评价，他在班上和 Coco 一样，课堂表现属于前三名的孩子。

小宝提及的 Coco 在课堂上确实是个好孩子，她不玩游戏，也能认真听讲。 如果小宝能和 Coco 一样，我当然会很欣慰。 从小宝老师对他的表扬中，我也相信小宝的自我评价。 但自从亲眼看到了教会的孩子们迷恋电子游戏时的样子，以后我对我家的小宝也不能掉以轻心了。

实事求是地说，小宝在家里绝对不是游戏迷。 因为他的课外活动特别多，根本没时间玩电子游戏。 即便如此，对我家的游戏机，我也需要严格控制。 我对小宝的要求是，只有周末才可以玩游戏，而且每次玩游戏不能超过半小时。 如果因为下雪学校关门，那也可以玩一下，但也不能超过半小时。

我是这么想的，现在是电脑游戏时代，如果完全杜绝游戏，孩子会觉得被边缘化了。 当大家都说游戏时，如果小宝像傻子似的什么都不知道，这样肯定也不好。 我只让孩子玩一会儿游戏，这既满足了孩子的小要求，又不至于让孩子对游戏上瘾。所以我认为掌握这个度非常重要。

时常听说，国内的某个男孩为了玩电脑游戏，夜不归家泡在网吧里，荒废了学业，家长却一筹莫展。 即使在美国，华人子弟也有类似的情况。 尤其是上了大学的孩子，远离了父母的提醒和管教，有些因沉迷于游戏无法完成学业只好退学。 数不清的例子说明游戏确实可以害孩子。 对游戏，我们作家长的一定对孩子要有明确的要求：绝不沉迷于电子游戏。

很多家长都为孩子沉迷游戏头痛。 如果家长只是空洞的喊，别玩游戏了，别玩游戏了，效果估计不会太好。 我感觉，让孩子远离游戏，就和让大人戒烟差不多。 大人戒烟时，是不是需要吃个戒烟糖什么的。 同理，为了戒掉孩子的游戏瘾，家长必须拿另外一个和游戏可以对等的娱乐项目来分散孩子的注意力。 比如看电影、打球，都是最简单的娱乐方式。 为了给孩子戒游戏，家长必须得花时间陪孩子，和他一起玩，分散他的注意力，让他明白世上有比电脑中虚拟的星球大战更有趣的东西。

总而言之，当孩子对电脑游戏上瘾时，家长绝对要提高警惕，因为电脑游戏有可能毁了孩子未来的求知生涯。只要家长下狠心杜绝孩子的游戏瘾，孩子应该能被管好。关键的问题是，中国家长是不是舍得花时间陪孩子？家长是不是和孩子能做有效的亲子交流？家长是否有耐心看到孩子的进步？悲观地说，如果家长只是空喊几句，别玩游戏了，别玩游戏了，肯定戒不掉孩子的游戏瘾。

男孩的动手能力太重要了

在父母的庇护下，虽然现在的小男孩可以衣食无忧，但在未来的某一天，如今的小男孩会成为某位妻子的丈夫和某个孩子的父亲。无论社会如何变迁，男人的社会角色和家庭角色基本还是保留着固有的传统。无论在哪个国家，男人是一家之长，男人要顶天立地，男人的动手能力要强，这是家庭对男性的基本要求。

一想到家庭和社会对男人的期待，我对我家唯一的男娃娃小宝也就有了相应的期待："小宝，以后你是要给别人当老公的，你也要有孩子的。你将是一家之长，你的手要和爸爸一样巧才行啊。你要会修理门窗，你要会组装自行车，你还要会做饭。"

虽然在主观上我知道培养男孩动手能力的重要性，但我家的实际情况，却经常让小宝失去动手的机会。为什么呢？因为小宝是我家的最后一个娃，他上有爸妈和两个姐姐。只要家里有需要动手操作的杂活，基本轮不到小宝。这种现实让我坚信，没有机会锻炼，小宝的动手能力肯定不行。

关于动手能力，我深有体会。我家兄弟姐妹四人，我是家中最小的一个。在我小时候，我几乎不做任何家务杂活，也没有动手的机会。只要家里有什么事，哥哥姐姐都替我做了。久而久之，我的动手能力很差。直到今天，我也不是特别擅长做家务。

我身为女子，可以有老公做靠山。小宝虽然为我家的幼子，但他绝不能指望将来靠老婆做男人该做的事。这么一想，我对小宝动手能力的训练，绝对不敢忽视。老公也赞同我的观点，家里有需要动手操作的事情，如果小宝能做，我们尽量让小宝自己做。如果小宝的姐姐好心想帮小宝，我们也会婉拒她们的好心，坚持让小宝自己做。

一说培养动手能力，好像是个大工程似的，其实并不然。就在日常生活的点点滴滴中，蕴藏着无数个可以锻炼孩子动手能力的机会。我不妨罗列几个家务活，供读者朋友们参考。

（1）烤箱里的肉，怎么拿出来？

在美国，家庭烤肉非常普遍。把肉丢到烤箱里，烤上一小时左右，香喷喷的牛肉就可以拿出来吃了。对成人来说，烤肉很简单，把烤肉从烤箱里拿出来更简单。但对十岁的小宝，我就要教他烤肉程序的设置，还要具体指点他，如何把烤肉安全地从烤箱中拿出来，还要别烫着自己。就这么简单的一件事，就可以让孩子明白厨房里的安全问题。

（2）动手开罐头。

美国的罐头食品比较便捷，大部分的罐头是易拉罐型的，一拉就开，非常简单。但也有一些美国的罐头食品，虽然好吃但很难打开。比如我家孩子喜欢的一种鸡肉面，就不是易拉罐型的，必须要用开罐头的工具才能打开。小宝爱吃鸡肉面，但不是特别爱开罐头。二宝天生手巧，又爱助人为乐，每次她都想帮弟弟开罐头。我站在一边，坚决拒绝二宝的好心。我提醒小宝："别人能打开，你就能打开。来，试一试。"刚开始时，小宝有点儿抵触情绪。但我经常这样坚持着，现在他开罐头熟练得很。

（3）学着做饭。

还是在厨房里，小宝继续接受动手能力的训练。看我经常给他们炒饭，有一次小宝自告奋勇，要自己炒饭吃。 看他这么爱动手，我当然大力支持。 我教他加调料，及时控制火温，他学得有板有眼，吃着自己做的炒饭，他还特别自豪呢。 除了炒饭，小宝还学着包饺子、和面做馒头。

（4）自己动手组装游戏机。

小宝的游戏机本来是他爸爸给他组装的。 后来，为了控制他玩游戏的时间，我把所有的线都扯开了，游戏机成了一堆不能工作的零件。 去年感恩节期间，因为假期漫长，我允许小宝玩会儿游戏消遣。 但我的前提条件是，如果想玩，小宝必须自己组装游戏机。 我的这个要求真让小宝有些为难，但为了娱乐，他真的接受了我的要求，自己一边拿着说明书，一边对照各种线路。 琢磨了小半天，他真把游戏机弄好了。 成功的那一刻，小宝别提多高兴了。 从那以后，小宝对自己的动手能力自信心大增。

（5）和爸爸一起买家庭装修产品。

自从小宝十岁以后，老公每次去美国家庭材料连锁店都要带上小宝，让他亲眼看着那些木头、油漆、铁钉、电锯等男人常用的家庭器材和工具。 有一次，我家要换一块窗帘薄片，这玩意儿我都不会弄，每次都是老公动手搞定。 现在小宝已经十岁多了，完全可以接过爸爸手中的窗帘薄片，为我们安装好窗帘。我说他行，他就真行！ 看着自己换好的窗帘，小宝又自豪了一次。

时常会在网上看到一些小留学生到了美国以后，因为生活能力差，即照顾不了自己的简单生活，又给寄宿家庭增添了很多麻烦的消息。 其实只要家长稍微留意在生活中培养一下，孩子们的动手能力很快就可以提高。 我家小宝就是一个例子。

给孩子多少零花钱才合适?

关于金钱，美国华裔儿童很小就有基本概念。 有一年夏天，我家九岁的小宝和一位九岁的华裔女孩一起上暑期中文夏令营。 在我接他们回家的路上，这两个小孩在车上有了一段非常有趣的对话：

女：你长大想做啥?

男：我想像我爸爸一样，当医生。

女：啊? 你爸爸是医生。 我怎么看不出来呢? 你不像医生的孩子。

男：医生的孩子该是啥样?

女：我也不知道医生的孩子该是啥样，反正你不太像。 医生是富人。

男：不是的，医生不是富人，我爸就是普通人。

几年前夏天的一段孩子对话，至今让我记忆犹新。 从这段短短的对话中，我可以听出美国的华裔儿童从小就知道职业和金钱的关系了。 难怪很多华裔孩子长大后都想当医生和律师。 就连我家对未来并没有太多梦想的小宝，也会顺口说出要当医生的志愿，而小女孩对医生的直接印象，不是医生的救死扶伤精神，而是医生收入高。

每当有人对我的孩子说医生收入如何如何时，我都会事后告诉他们："美国医生收入虽然高，但工作非常辛苦，而且医生的缴税额非常高。如果把所有的项目都扣掉以后，爸爸每月能拿回一半的薪水就不错了。加之妈妈收入低，又很多年没工作了，咱们家人口又多，这么一平均下来，我们家就是普通的中产阶级家庭，解决温饱没问题，但咱家根本就不富。"我这么一说，孩子们都听明白了，也难怪小宝张口就对那个小女孩说，"医生不是富人"。

只要孩子明白自己家庭的经济处境，我就没必要和他们苦口婆心地进行理财教育。大宝上大学以后，我们为她付学费和生活费，每月给她 250 美元的零花钱，如果有额外支出，我会另外给她专款专用。在这种精神指导下，我家大宝上大学近两年，基本没有大手大脚的毛病，因为她手里有多少钱，我心里是有数的，她根本就没有大手大脚的可能。

常听有人说，女孩要富养。对这个观点，我采取的是折中态度。是的，女孩和男孩交往时，要自己手里有钱，而不要以贪求男孩的金钱为目标。很多女孩就是因为太爱钱，才爱上了她们本不应该爱的男人。对我家的两个女孩，在金钱上，我对她们该严的严，该松的松。

什么是严呢？花钱不要浪费，生活要尽量节俭，不要盲目崇尚名牌，不要和别人攀比。这就是我对她们的严格要求。什么是松呢？如果有特别活动，我会给她们足够的零花钱。到底给多少，我会让她们自己提出，然后我会额外追加一些。比如我家二宝去哈佛大学参加美国高中模拟国会培训班，四天的零花钱，她只要 150 美元。我听了二宝的要求以后，又额外给了她100 美元。等二宝从哈佛大学回来以后，她把剩下的 140 美元又原样还给了我。又比如过情人节，大宝要和男朋友出去庆祝，我给了她 100 美元的活动经费，让她有经济条件对男方的友爱表示感谢。

在平常的生活中，我几乎不特意给孩子们零花钱，因为他们根本就没有花钱的机会。 咱们中国父母对孩子都够大方的了，和美国家长相比，所有的中国家长都够慷慨。 要说理财教育，我时常会敲打几句我家的大学生："并不是所有的美国家长都为孩子付大学学费的，你的学费父母都包了，这么大的花销，你对爸妈要有感恩之心啊！""并不是所有的美国大学生都有钱买书，爸妈除了给你交学费，还额外给你买书费，你多幸福啊！"

我们家只有在中国新年时，才会给孩子们压岁钱。 我们给孩子的压岁钱非常少，也就 100 美元。 孩子们拿到压岁钱时既高兴又淡定。 高兴的是，毕竟是压岁钱，一年才一次。 淡定的是，他们没有花钱的机会呀，有没有钱，无所谓。 在孩子们现在的眼里，钱是可有可无的东西。

和很多中国家长相比，对孩子的零花钱，我们肯定显得特别抠门。 好在我的孩子们没觉得我们抠门，平时也不跟我们要零花钱。 金钱是万恶之首，别把钱太当回事，有多少钱，就过多少钱的日子，这是我对金钱的态度。 我希望我的孩子们长大成人后，也能以这样的态度对待金钱，切莫做金钱的奴隶。

不可缺少的父爱

在人们的观念中，养育孩子主要是妈妈的事，爸爸主要负责外出挣钱。 再加上女性天生的母爱，对孩子无微不至的照顾，似乎成了妈妈们义不容辞的责任。

对女孩来说，或许妈妈的温柔细致可以在女孩的成长过程中起到言传身教的作用。 但对一个男孩来说，天天围着妈妈转，这是万万不可的。 从心理和生理角度来说，男孩更需要男性具体的榜样和引领，无论妈妈如何努力，母爱也代替不了充满阳刚之气的父爱。

小宝是我家唯一的男孩，父亲的关爱对他尤其重要。 遗憾的是，自从小宝出生以后，老公一直在忙。 考试，做住院医生，专科医生训练，日子就这么一年一年地流逝。 大人依然忙碌，孩子却在不知不觉间长大了。

对儿时的小宝，为了补偿父爱的相对缺乏，我早早就把他送到了美国男童军。 在这个校外团体里，负责男童军活动的组织人员都是美国爸爸。 在年复一年的训练中，所有的男孩都能从这些美国爸爸们的身上得到高山般的父爱与关怀。 比如学习打领带，学习使用各种家用器械，学习安装汽车模型等等，所有这些需要爸爸指导的动手能力培养，小宝在男童军里都得到了基本的锻炼。

近两年来，老公的工作渐渐走入正轨，他和小宝相处的时间也就越来越多了。 为了补上以前的欠缺，几乎每个周末，都是他们爷俩单独相处的时光。 他们一起看电影，一起逛博物馆，一起打球，一起去家用器材商店买装修材料。 只要有机会，老公总是尽最大的可能陪小宝。

爸爸对男孩的影响，不仅仅来自两人在一起玩的绝对时间，潜移默化的作用也不容忽视。 比如在随时随地的交谈中，或者在具体的言传身教中，父亲的影像就会慢慢印刻在男孩的心里。和女性容易感情用事相比，男人的沉稳和遇事不惊，也会以积极的方式影响着男孩。

有一次，老公带小宝去看电影。 到了影院以后，老公才发现忘了带钱包。 如果是我在场，说不定我会哇哇乱叫，甚至会埋怨他一番。 老公性格比较沉稳，发现没带钱包，对小宝抱歉地一笑，带着小宝不慌不忙地回家取钱包来了。 这件小事，可以让小宝学会两件事：一、遇事不慌。 忘了钱包不是什么天蹋地陷的事儿，用不着着急，大不了回家一趟就是了。 二、以后外出时，要学会周密计划和充分的准备，免得无谓地浪费时间。

无论是在美国还是中国，为了养家糊口或者成就更大的事业，爸爸们很容易在忙忙碌碌中忽视了孩子。 比如大明星成龙有一次接孩子放学时，居然连孩子上几年级都不知道，让他感到非常难过。 和成龙相比，大部分的父亲都是普通人。 普通人的事业再重要，也比不上孩子的教育重要。 无论父亲多忙，也要尽量多陪孩子。 因为母爱是无法代替父爱的。

最近放春假了，大宝和同学一起去纽约玩。 他们来去乘的都是汽车，我虽然省心省事了，但大宝同学的爸爸却很辛苦。汽车站在巴尔的摩市区，离我们家比较远，大约半个小时吧，但离大宝同学爸爸的工作单位很近。 为了给我们减轻负担，这位同学的爸爸主动提出接送任务都由他包了。

去纽约时还算方便，这位爸爸上班时顺路带上他们去汽车站就行了，但是从纽约回来时却不一样。 因为汽车到站时间是夜里 12 点多，这位爸爸为了等他们从纽约回来，晚上五点下班以后，他就没有回家，而是在单位一直等到快 12 点时，去车站接上他们之后才回家。

这位好爸爸很令我感动，人家不仅是医生，还是美国医学名校的教授。 为了接送孩子，这位好爸爸慈祥得难以形容。 大宝的这位同学也非常谦逊有礼。 和这家洋人打交道，总觉得咱做得远远不够。

中国家长为什么总是焦虑？

怕孩子上不了名校，怕孩子大学毕业以后找不到好工作，这是中国父母焦虑的最根本原因。 虽然美国的名校效应不如国内凶猛，但是我们这些在美国的华人家长们也有着同样的担忧。美国大学生就业率并不是100%，谁都不愿意自己的孩子大学毕业后就失业。

大学是孩子们和社会相交前的临界区，大学生活确实对孩子们的未来有着举足轻重的作用。 为了让孩子能考上好大学，在走进大学以前，中国家长的焦虑从幼儿园就开始了。 不让孩子输在起跑线上，就是中国家长焦虑的最起始表现。

对于孩子们的未来，如今流行着种种的比喻。 不让孩子输在起跑线上，就是一种最强大的比喻。 为了让孩子们从小就领先，家长们从幼儿园开始就要设计孩子的未来了。 各种才艺班，各种补习班，把不甘输在起跑线上的孩子们一同挤在了起跑线那里。 只要家长的枪声一响，孩子们就得玩命地往前奔。

孩子们离开起跑线以后，家长们仔细想过没有，孩子们竞争的最后结果到底会如何呢？ 赢在起跑线上的孩子们，就一定能赢在终点吗？ 人生的输赢，到底又有什么明确的界限？ 如此一想，不让孩子输在起跑线上，好像并没有那么重要了吧？ 既然起跑线没那么重要，我们对起跑线的焦虑就显得毫无必要。

我认识两位美国华人医生。 无论是在美国人还是在中国人眼里，他们都算得上是成功人士。 在美国行医，华人医生不仅业务过硬，收入也不菲，这样的中国医生，确实让美国人尊重。 美国的华人医生以客座教授的身份经常回国讲学，可以把最先进的医学进展介绍给国内的同行，他们不仅让国内同行尊重，也让大学里的学子们佩服敬重。 当大家对他们的成就表示赞叹时，有谁知道，他们当年在中国上学时，不仅输在了起跑线上，更输在了大学校园门口。 为什么？ 因为他们都是高考落榜生！ 他们都是在复读再战以后，才走进了大学校园。 如果非要比较，他们和那些赢在起跑线上的同学们相比毫不逊色。 这两个实例充分说明，在起跑线上论输赢，对一个人的未来并不是绝对的重要。

这么一想，我忽然释然了。 如果上高中的孩子哪次成绩没考好，我不会觉得这就是世界的尽头。 如果我的孩子没能考进名校，我也不会认为他们的人生会一败涂地。 人生有各种各样的可能，学习成绩肯定不是决定人生成败的唯一因素。 既然如此，只要孩子尽力了，无论他们能考上什么样的大学，我们都要欣然接受。

如果说非要用比喻的方法来提示名校和人生，我是否可以这样认为：人生是一场精彩的表演，我们每个人都有欣赏人生的权力和机会。 最成功的人士，一定会坐在人生剧场的第一排看人生百态；比较成功的人士，可以坐在第十排对他人的表演指指点点；小有名气的人，应该可以坐在第五十排感叹人生。我们余下的人，也就是普通的百姓了，我们占据着剧场的大部分位置却没有什么发言权。 人生无定数，赢在起跑线上的人，却有可能坐在了五十排之后。 输在起跑线上的人，也有可能在前排就座。 如果我们玩命努力，我们可以坐在第一排，但我们可能会因为体力不支提前退场，无法欣赏人生全部的精彩。 如果我们只是顺其自然，不努力，我们可能连最后一排的位置都没有。

假如我能一直如此回味着人生，我对自己的孩子，就用不着太多的焦虑。 打破名校情结，不以学习成绩作为评价孩子成功的唯一标准，假如我们能如此地看待孩子和教育，我们的焦虑就又降了一个等级。 说服自己不焦虑，并不意味着中美教育没问题。 后面我会重点讨论一下家庭教育和美国教育之间的关系。

重视孩子的德育

　　家长对孩子的操劳，无非在三大方面：一是学习成绩，二是孩子品行，三是孩子的身体健康。我在中国上学时，德智体几方面全面发展是我们追求的目标。这个目标和家长对孩子的期待几乎是一样的。

　　遗憾的是，如果你仔细观察一下周围的家庭，会发现大部分的中国家长已经偏离了这三大目标，家长对孩子学习成绩的关注，远远超过对其他两方面的投入。这种普遍现象也间接反映了中国教育的现实：以成绩论高低。比如说，为了学习，孩子们的体育锻炼时间越来越少。为了学习，对孩子们的所有要求，不管是否合理，家长几乎是有求必应。长此以往的结果是，孩子们把所有的目标都集中在学习成绩方面。孩子们会以为，只要学习成绩好，他就是父母眼中的好孩子。在这种大趋势的引导下，成绩优秀却不知道孝敬父母的孩子比比皆是。

　　北京大学中文系教授张颐武，根据他多年教学的经验就曾指出："不会待人接物，不会调试挫折感，专注力不足，是当代年轻人面临的三大问题。"如果你再仔细想想，学校会给孩子这三方面的训练吗？显然不会。由此可见，孩子在性格和人格上的缺欠，主要和家庭教育不当有关。

　　在孩子的德育教育方面，我认为爱心教育是家庭教育之本。有爱心的孩子，会孝敬父母。有爱心的孩子，对客人会彬彬有礼，张教授提到的待人接物问题也就会迎刃而解。 各种媒体中反复提到现在的孩子因为过于迷恋电子游戏，逢年过节和父母看望爷爷奶奶时，有些孩子会对长辈置之不理，令爷爷奶奶极度伤心。 表面上看，这好像是说孩子不会待人接物。 从根本上说，这是因为孩子缺少爱心所致。 孩子爱电子游戏已经超过了他对爷爷奶奶的爱，所以孩子才会对爷爷奶奶置之不理。 没收孩子的游戏，只是治标不治本，为了解决根本问题，就要培养孩子对长辈的爱心。 对待陌生人的态度也是大致如此，一个缺少爱心的孩子，对他人怎会用得体的方式待人接物？ 我认为，爱心教育是家庭教育之本，文学艺术中所表达的"爱能创造奇迹"也值得鼓励和借鉴。

对孩子品行的培养，又是一个让很多教育工作者滔滔不绝的大话题。 按照中国的儒家思想"人之初，性本善"来推理，孩子品行的好坏和后天教育有关。 根据我对我家孩子的观察，孩子是否善良和先天因素有关。 比如，我家孩子在很小的时候，就知道要爱护小动物，我根本就没教过他们对动物该如何如何。以我家为例，我觉得对孩子们品性的培养，并不像帮孩子提高学习成绩那样有什么硬指标。 比如，我从来不会刻意夸夸其谈，或者纸上谈兵地告诉孩子们要诚实要善良。 我认为能够及时鼓励孩子的好品性，就相当于在变相地培养孩子的好品性。 比如说，孩子想给穷人捐款，你不打击他的积极性，这就相当于你在间接培养他的爱心和善良，你的态度就是最有力的教材。

关于孩子的品性教育，最近我家小宝有一件事，对我的心灵触动很大，从孩子那里，我学会了什么叫真正的诚实。 我家小宝目前在美国人开办的跆拳道班里学功夫，每次上课，教练都会给孩子们划考勤。 根据孩子们出席的次数，教练会给孩子们相应的条码（stripe），比如参加四次课以后，小宝就会拿到一个条码。 上次上课，因为教练计数有误，小宝只上三次课就拿到了一个条码。 为此，小宝开始犯嘀咕："我少上一次课，就拿到了条码，这不对呀，我不能侥幸，我要再上一次课补上才行。"我一听，心里有点儿起急："孩子，就差一次，教练也不在乎这一回，你要是纠正教练的计数错误，多尴尬啊。"小宝一听，继续和我理论："妈妈，教练告诉过我们，万一他计数错了，我们要告诉他。我要是稀里糊涂不告诉他，我就是不诚实，而诚实是最重要的。"听了孩子这番话，我觉得自己好渺小，孩子的话很有道理。我不用教育他该如何诚实做人，只要我不打击他的积极性，并鼓励他的做法，就是在间接培养他的好品性。

坦率地说，在某些方面，小宝的思想境界比我都要高。需要指出的是，小宝的德育教育并不仅仅来自家庭，美国有很多课外团体能培养孩子们的品行，小宝德育的培养和教会、男童军、武术班、体操馆等课外活动的日积月累熏陶有关系。有一次上课，我听小宝的武术教练教育他们说：即使某人对你不好，你也要对他友善。（If someone is mean to you, treat him nicely anyway.）这位武术教练的宽容态度和小宝在教会所受到的宗教教育殊途同归，在这样长期多方面的熏陶下，在小宝的内心世界里，没有怨恨，对任何人他都不会抱怨。比如，他们班上的一位有心理疾病的女生有一次把他推倒了，气愤的老师都要惩罚这个女生，而小宝对这件事却比较淡定，他自己爬起来以后，简单地说了声"没事"，一切就烟消云散了。小宝对女生的宽容态度，就是他从小接受各种德育教育的综合结果。

虽然我知道学习成绩的重要性，我也希望自己孩子的成绩能名列前茅，值得宽慰的是，我在关注孩子们的学习成绩时，也同时关注了他们的德育教育。一个品行端正的孩子，不仅能向他人传递正能量，他未来的成长之路也会少些坎坷。尤其是当孩子们长大离巢独自闯人生时，积极的人生态度会帮助他们学会和人相处，乐观精神会让孩子们在遇到困难时知道该如何冷静地面对。身为家长，我们最终能传授给孩子的无非是一种生活态度。在人生态度面前，思想是根基，德育是思想的内核，在我看来，德育至少应该和学习成绩一样重要。只有当家长接受了这样的想法，我们培养的孩子才会有阳光的性格，我们才会减少北大教授所言的担忧。

各位家长们，让我们一起努力吧！

第八课 8
LESSON EIGHT

如何应付美国教育

当越来越多的中国小留学生来美国就读时，小留学生的家长们对美国教育的了解究竟有多少？美国学校生活果真很轻松吗？什么样的中国孩子才能走进美国名校？在美国教育中，为什么拼爹和拼妈同样重要？当小留学生飘洋过海来美国留学时，大洋彼岸的家长应该和留学的孩子保持怎样的距离？需要提醒读者的是，无论什么年龄的孩子来美国留学，应付美国教育并不容易。比如说，我家小学生就曾经为写一篇好人好事的作文大伤脑筋。

拼爹又拼妈的美国教育

2014 年 1 月 24 日，美国中文电视报道：有小诺贝尔奖之称的英特尔少年科学天才奖22 日公布了总决赛的40 强名单。 来自硅谷的华裔女高中生孔祥悦因发现破解乳腺癌的基因序列入围。这位女孩是硅谷名校林布鲁克高中的高三学生。 在与斯坦福大学博士后蔡尚合作中，她发现了一个能抑制癌细胞生长的基因序列，并因此入围今年三月将在华盛顿举行的英特尔少年科学天才奖总决赛。

每当我看到如上类似的消息，我总会在心里悄悄地说上一句："呵呵，这肯定是拼爹或者拼妈的结果。"为什么我会这样认为呢？ 这篇报道只提到了华裔女孩获奖的结果，而没有提及任何具体的过程。 与女孩合作的斯坦福大学博士后蔡尚和女孩是什么关系？ 不是她爸？ 不是她妈？ 那这位博士后是不是她爸妈的朋友呢？ 如果统统都不是，那他是不是女孩爸妈拐弯抹角找到的关系呢？

美国学校经常让学生们搞各种各样的研究课题。 在选择科研课题时，虽然老师给了学生很大的自由空间，但孩子们在选择课题时，总会不知不觉地接受父母的辅导或者直接的指导。 在某些课题上，与其说是考学生，还不如说是考家长。

比如我家大宝在初三做生物课题时，我就把我在美国大学当助教时辅导我学生做的科研题目灌输给了大宝。 我为大宝设计变量和实验参数，辅导她购买生物试剂，具体指导她做实验。因为大宝的这个实验必须在家里完成，没有生物实验室做坚强的后盾，大宝的科研思路和实验方法都非常受限，她只能做到应付美国中学老师的要求而已。 假如我还在美国名校就职，大宝的科研成果就会大大不同。 我只要让她帮我养几个细胞，杀两只老鼠，做几个电池，我就会在我的科研文章上署上她的大名，身为高中生的大宝，就会成为发表过科研论文的小科学家了。

理科科研如此，文科研究也同出一辙。 在美国教历史的薛涌教授在他的著作《跟着薛涌留学去》里提及，他曾亲自辅导过他的女儿做罗马历史的课题。 他帮女儿的具体过程都在他的书稿中，我在此不再赘言。

有一次，我去二宝的初中参观科研成果展览。 在琳琅满目的展览区，美国学生各种各样的科研成果让我大开眼界。 刚刚上初二，就能研究人类化石了？ 当我站在一个化石展览区时，这个问题萦绕于我脑中，令我惊叹不已。 就在我好奇中佩服这个课题的小作者时，一位戴眼镜的美国男孩走过来，给我仔细讲解了他的研究内容。 不用说，他就是化石研究的作者了。 我看他，个子矮矮的，身材瘦瘦的，还戴着个黑框眼镜，一幅典型的小科学家形象。 讲到最后时，这位小男孩终于回答了我的疑问：我爸爸是搞化石研究的。

在美国拼爹和在中国拼爹大不一样。 在中国，拼爹主要是少数有权有势者的专利。 在美国，大部分普通家长都是在身体力行的过程中，在学业和课外活动中提升自己孩子的。 除了上述所言的学业领域，在美国学校的各种课外活动中，活跃着一大批的爹们。 比如各种球类的教练，男女童子军的组织者，大都是由美国家长担任的。

除了拼爹，美国妈妈们的作用也不可忽视。 最有趣的例子是，在我儿子就读的公文学校，天天接送孩子们的家长，几乎清一色都是世界各地的妈妈们。 在这些妈妈中，又以印度妈妈为主力军。 可以这么说吧，谁的妈妈精力旺盛，谁的妈妈不怕辛苦，谁的妈妈就是拼妈大赛中的英雄。 在公文学校中，妈妈们不仅要负责接送，还要辅导孩子写作业，最后还要改作业。 很多中国妈妈因为工作太忙，实在拼不过特别能"战斗"的印度妈妈们了，最后只好让孩子退出公文学校。 我送我家小宝去公文学校学了五年，最近也快坚持不住了，也在考虑是否要继续对他拔苗助长。

和中国大学不同的是，美国大学录取不仅仅取决于学生成绩，和拼爹拼妈紧密相连的各种课外活动，在美国大学的录取过程中也起着非常重要的作用。 我们可以这样认为，如果爸妈不进入孩子教育的具体角色中，想让孩子在美国进名校或者自信地成长，这几乎是不可能的。 **换个角度讲，当中国的父母们把孩子抛到美国来读中学时，如果这些孩子的家长不能来美国陪伴孩子的成长，这样的孩子至少在美国中学就很难进入主流。** 不是中国孩子能力不行，而是他们缺少来自父母对他们成长的直接参与。

仅仅上面的几个例子，我们就能看出在美国拼爹拼妈的重要性了。 还有数不清的例子确实可以说明，在美国，拼爹拼妈同样重要。 正因为如此，养育孩子不只是妈妈的责任，爸爸们也必须介入到孩子的成长中来。 具体到我家，虽然我的三个孩子主要归我管，但孩子爸爸在孩子的成长过程中也花费了很多心血。 在美国，医生是个高负荷的职业，孩子爸爸每天工作非常忙碌，他平时对孩子的亏欠，主要就靠周末来补了。 和孩子们谈心，带孩子们外出看电影，陪孩子参加各种课外活动，接送孩子参加体操比赛等，孩子爸爸于润物细无声的亲情中，慢慢把他的育儿观渗透给了孩子。 有句话说，男女搭配，干活不累。 我想说的是，爸爸妈妈搭配，孩子幸福如醉。

美国学生家长如果能积极参与学校的活动，还有获奖的机会呢。 从另外一个角度来看，美国学校非常鼓励学生家长能在学校的决策、义工、交流沟通等方面起到积极的作用。 当家长参与学校建设时，有一个无法回避的事实：无论对哪位家长来说，生活忙碌，工作紧张，是每日生活的主旋律。 在这种客观条件下，谁能吃苦，谁能拼，谁就能在众多的家长中鹤立鸡群。 比如在我们校区，专门设立一个奖励家长的奖 PIMA（Parent Involvement Matters Award），哪位家长能获奖，不仅和家长投入的精力有关，也和家长在学校决策中所起到的作用紧密相关。

美国有一个最成功的拼爹例子，你知道它是什么吗？ **林书豪的成功，靠的就是拼爹。** 但林家的拼爹，走的不是歪门邪道，而是踏踏实实的父子同行。 身为理科博士，林书豪的父亲对篮球并不精通。 为了挖掘儿子的篮球天赋，林父经常在自家后院的篮球场陪孩子练球。 为了指导林书豪，林父从录像带中领悟篮球技巧，然后再具体指导儿子练球。 林书豪的启蒙教练不是别人，而是他的爸爸。

为了应和我前面的观点——每一个成功的孩子身后，一定站着不平凡的爸爸或妈妈——我再来提供一个实例。 2011 年国际物理奥林匹克竞赛金牌得主 Brian Zhang（张晨波）非常出色，他的成就既让美国人自豪，也让中国人自豪。 在敬佩他的成就时，你想过张晨波的家庭背景吗？ 他的父亲是斯坦福大学物理学教授张首晟，张教授的"量子自旋霍尔效应"理论，被《科学》杂志评为 2007 年十大科学进展，他本人还获得 2010 年欧洲物理奖。

在美国，有无数的爸爸妈妈们为了孩子的教育呕心沥血。为了孩子们的全面成长，不拼爹不行，不拼妈也不行。

我的孩子为什么上不了哈佛大学?

所有的家长都希望自己的孩子能上名校，最好能考上哈佛大学。 我身为重视孩子教育的家长，当然也不例外。 我家有三个孩子，哪怕有一个孩子能考进哈佛大学，我就会很知足了。 经过我多年的观察和反思，我不得不承认，我家孩子虽然都可能是上哈佛大学的料，但他们都考不进哈佛大学。 这是为啥呢? 请听我的思考和解释。

如今地球人都知道，如果孩子想进像哈佛大学这样的名校，最基本的要求是，孩子的高中成绩要全都是 A，孩子的 SAT 考试成绩要满分，孩子的课外活动要跟得上，孩子在科学或者艺术等领域还要得奖。 孩子要上哈佛，不仅孩子要刻苦用功，家长也要用实际行动帮助孩子得奖。 所以在我看来，对平民百姓家的孩子而言，哈佛之路，就是全家人绑在一起的玩命之路。

在我家的三个孩子中，二宝是最有可能上哈佛大学的孩子。在我这个妈妈看来，不仅仅二宝在各方面都很优秀，最关键的是，她从小就对哈佛大学有梦想，上了高中以后，她自己也很努力，她对学业和课外活动的主动性和积极性都很强。 画画尖子生，钢琴八级，体操七级，拉拉队成员，公文学校助教，学校羽毛球俱乐部主席，学校红十字俱乐部、法语俱乐部和短跑俱乐部成员，学生模拟国会议员成员，华人教会青年团契会员。 这么多的课外活动，我接送都觉得累，但二宝从不叫苦，学校的一切活动都是她自己选择的，一切都在有条有理的进行中。对二宝，我这个妈妈不得不佩服她。

二宝的这些课外活动虽然很丰富多彩，但这些都不是决定她进哈佛大学的决定因素。美国高中尽管不以成绩论高低，但哈佛大学是一定要以成绩论高低的，尤其是像我们这样的草根家庭，既没有后台，又没有几千万的捐款，孩子的高中成绩至关重要。那么，我们来看看我们这所高中的情况吧。这所高中在马里兰州排名大约在十几名左右，全美排名也很傲人，这所学校老师的教学水平和学校的教学质量都不错。加之我们这里是全美第五富人区，重视教育的家长比比皆是。在这样的高中里，孩子想出类拔萃得全 A，绝对不容易。因为这所高中的教育水平高，提供的课程难度也大。比如二宝修了一门人文课（Humanities），完全是大学课程，不仅上课难度大，老师给 A 也有数额限制。对这门课，二宝曾经得过 89.4 分的成绩，即便如此，美国老师也是给 B 绝不给 A。还有一次，因为冬天早晨天黑路滑，我送二宝上学迟到了，那天刚好有数学考试，迟到的二宝，被数学老师无情地堵在门外，不允许她参加当天的考试，也没有补考。面对这所美国高中诸如此类的严谨，想让孩子们得全 A，真是太难了。

说完了课外活动，也说了高中考试成绩，如果成绩不是全 A，假如孩子 SAT 考满分，孩子就可以上哈佛大学了吗？经我请教美国加州大学的升学顾问，我得到的回复是：悬！几乎不可能。为什么呢？因为能进哈佛大学的孩子，都是高中成绩和 SAT 全满分。按照我的理解，如果孩子高中成绩不全优，你基本就可以断了去哈佛的念头。由此可见，让孩子在高中期间考试成绩全优，是进哈佛大学的第一步。

怎么才能让孩子的高中成绩全优呢？除了孩子的个人智商和努力，家长应该提醒孩子有足够的学习时间才好。比如韩国的哈佛妈妈金仁惠在她的《我这样把女儿送进哈佛》一书中提到，为了保证女儿的学习时间，她限制孩子参加各种社交活动。而我和我家二宝，都不会认同这样的生活方式。 我不仅鼓励孩子参加各种有益的社交活动，我们一家人还动不动就去看电影打保龄球。 我们如此轻松的家庭，如果想造就韩国妈妈家中那样的哈佛孩子，除非孩子有特异功能，否则哈佛梦基本是零。 不仅如此，我家二宝还特别喜欢助人为乐，她宁愿牺牲自己的学习时间，也要帮助同学。

有一次考试前，我们教会的一位女孩找二宝帮她的笛子表演作钢琴伴奏。 为了发挥最好的水平，二宝丢下书本，一遍遍地反复练习单调的曲谱。 还有一次，一位中国女孩被妈妈口头伤害后向二宝诉苦，二宝也是丢下自己的作业安慰她。 反过来想，如果二宝能把助人为乐的时间都用在学习上，这对保证她的学习成绩肯定是大有益处的。 类似的例子还有许多，不管何种情况，最基本的主题是，二宝不会为了自己的学习轻视朋友和家人。 在我来看，孩子的这种品德值很多 A。 虽然这种 A 不会写在孩子的成绩单上，但我支持孩子得这种 A。 遗憾的是，这种生活中的 A 得多了，确实会影响她学业上得 A。

除了学习成绩，想上哈佛大学的孩子，需要孩子家长的极大参与。 对华人家庭来说，最典型的例子就是家长帮孩子在科学比赛中获奖。 美国纽约有一位家长，为了孩子能进哈佛大学，这位家长在家里的地下室搞了一个科学实验室。 生物显微镜和化学反应试管之类的大大方方地挤进了这个家庭。 比如种个西瓜蔬菜什么的，家长也要孩子观察研究一番。 总而言之，这个哈佛家庭的一切似乎都科学化了，孩子的一举一动几乎都要和哈佛挂钩。 坦率地说，虽然我很重视孩子的教育，但我做不了这样的家长。 这位家长除了指导孩子的科学竞赛题目，她还像上面所述的韩国妈妈一样，限制孩子的社交生活等。 转念一想，我觉得只有像虎妈那样的妈妈，才有可能把孩子送进哈佛大学。我做不了虎妈，这就从根本上决定了我的孩子上不了哈佛大学。比如看二宝熬夜写作业时，我不是欣慰，而是担心和心疼，我常常劝她早些休息吧，别把身体累坏了。

我可以肯定地说，孩子上不了哈佛大学，并不意味着人生的失败。 因为能上哈佛大学的毕竟是少数，我们大部分人没上哈佛大学，不也活得好好的？ 我这并不是酸葡萄心理，而是我类似的亲身经历。 我在美国医学院名校做过多年的博士后，在这所名校，我亲历了外人难以知晓的名校压力。 这种压力是隐性而沉重的，并不是每个人都能承受这样的压力，也不是每个人都愿意承受这样的压力。 对科研课题，同事之间的明争暗斗和互相不服气，身心和体力的极大付出，这些都是名校带给普通人的心灵和生活压力。 比如有的女教授刚刚做了癌症切除术，身体还没恢复好，就得来上班拼命。 有的中国雇员得了脑癌，也不能放下手中的实验，因为科研进度是无视任何癌症的。 知道了名校的压力，我对名校就多了一份敬畏和远离之心。 我的这种心态，肯定也会在无形中影响我对孩子的引导。

总而言之一句话，因为我不是虎妈，所以我的孩子就进不了哈佛大学。 即使我的孩子进不了哈佛大学，在我眼里，我的孩子也是很优秀的。 我一直认为，即使我们是俗人，我们的生活也应该是全方位的，我不愿我的孩子为了追逐哈佛梦而忽视生活中灿烂的光景。 只要孩子尽心尽力，能以愉快的心情和健康的身体应对一切压力，即使孩子去不了哈佛大学，这样的孩子也值得我自豪。 我家二宝喜欢艺术，我会提醒她忘了哈佛吧，将来可以去申请艺术氛围浓厚的美国大学。 二宝还喜欢欧洲的文化氛围，以后说不定她去欧洲留学都有可能。

我还会提醒孩子，人生有很多可能，哈佛不是人生的唯一追求。

和上大学的孩子保持距离

回国时，我时常会听到朋友讲她们的孩子上大学的故事，尤其是在美国留学的孩子，更是牵动着这些妈妈的心。一位朋友向我无奈地叹息："唉，给孩子发短信不回，打电话也不接，真是急死人了。"

这些妈妈对子女的爱，真让我感动。不过待我仔细观察一下她们和子女的互动情况以后，我发现这些妈妈操心的事情很有限，无非是嘱咐孩子吃好穿好学习好。如果我是上大学的孩子，如果我也天天接受同样的唠叨，估计我也会烦。

无独有偶，最近的网络新闻也特别关注了一位妈妈和女儿之间的无奈：彭女士女儿在美国读大二。一年多来，彭女士一直不放心，总担心女儿吃不好、穿不暖。由于有时差，为了就着女儿的时间，彭女士每天凌晨 5 点就起来，用电脑或手机在 QQ 上跟女儿聊天，聊完直接去上班。没想到，女儿对此并不欢迎，觉得被问得太多，有时候连妈妈的视频邀请都拒绝。上周，女儿直接来了句："你不要烦我了，再这样我就把你删掉！"

可以想象，这位女儿的回答肯定会让她的妈妈很受伤。妈妈辛辛苦苦起了大早，不就是为了关心一下女儿吗？谁知道这孩子还不买账。妈妈委屈，女儿觉得烦，这真是南辕北辙了。

记得我刚来美国留学时，父母对我也是牵肠挂肚的。那时候没有网络，父母对我的关心，全都写在二十天才往返一次的密密麻麻的家书中了。即使父母对我唠唠叨叨，我也不会烦，家书抵万金嘛。但现在的情况却大不相同了。通讯的便捷，可以让父母随时随地了解孩子的行踪。一旦子女走出父母的视线，为人父母者就会辗转不安。

无论是我本人的留学经历，还是以我和我上大学的女儿之间的交流情况为依据，其实家长对孩子大可不必随时跟踪，千万别像个直升机一样盘旋在孩子的天空中。距离产生美，这在家长和孩子之间同样适用。

在美国求学的孩子，功课压力特别大，加之文化和语言的障碍，孩子不一定凡事都向父母汇报。对一个学业紧张的孩子来说，家长天天追着孩子在线聊天，而聊天内容又总是老生常谈，孩子确实容易产生抵触情绪。

美国大学生生活和思想相对独立，和这样的美国大学生在一起同窗攻读，中国孩子也会慢慢培养出独立的性格。这就解释了为什么孩子上了大二就不爱理妈妈了。这并不是孩子不需要妈妈了，而是孩子已经渐渐适应了美国生活，可以不在妈妈的唠叨中自由成长了。

我家大宝上大学以后，我们很少打电话。我既不给她发短信，也不要求她在线聊天。但我们娘俩有一个基本的约定，每晚睡觉前，我们要互报平安。短短的几行字，不会占用孩子太多的时间，孩子觉得没压力，我也觉得心安。

令中国妈妈们担心的孩子在大学里的吃住问题，我们应该相信他们自己有能力解决。如果吃饭都需要父母操心，这样的孩子还有什么不需要操心的呢？从小时候起，我就提醒我的孩子们要吃健康食品。等孩子上大学时，虽然我不在身边，大宝已经习惯吃健康食品了。至于学业，哪个孩子不希望得 A 呢？好孩子，你不用嘱咐；不爱学习的孩子，你嘱咐多少遍也没用。这么一想，妈妈哪用天天和孩子唠叨呢？

我觉得，孩子上了大学以后，家长和孩子要保持适度的距离。 只在大事的决策上，才和孩子有密切的交流。 在平时的日常生活中，家长完全可以对孩子放手。 比如我和大宝几乎不打电话，但有一次她考试成绩不理想，我打电话安慰了她半小时。在困难时能听到妈妈的声音，大宝对我心存感激。 在孩子的成长天空中，家长应该像耀眼的彗星，能及时照亮孩子生活中偶尔的黑暗，而不要像爆竹一样，噼里啪啦天天响个不停。

想对孩子发脾气时，要克制！

最近我把自己整得挺忙，一直在耐心应付着各种压力。 昨晚，我忽然扛不住了。 因为急着要做自己的事情，还要教小宝写中文作业，我一急，小宝读中文课文时，我把小宝说哭了。这是我们家罕见的事件，小宝特别委屈，我觉得自己罪大恶极。

第二天小宝早晨起床，自己爬起来去厨房找饭吃，而我当时正在厨房背对着他喝水。 "妈妈，早晨好。"听到小宝在我的身后向我问安，想起我昨晚对他吼叫时的样子，我连忙转过身抱起小宝，心里一阵惭愧。 小宝不和我一般见识，好样的！

有时候，咱们大人经常以工作忙压力大为理由或借口，对孩子乱吼乱叫，身为家长，其实这是一种非常没修养的做法。 孩子他们自己也有压力，有学业的、小朋友之间的，孩子哪有事事都顺心如意的。 可孩子有压力时，他们大部分时间都是自我承受，他们很少向父母大吼大叫。 相比之下，我们大人是多么的惭愧。

有一天晚上，小宝写数学作业时遇到了难题，一时间他心里没了主意，自己把自己急哭了。 我看着心疼，真想帮帮他。 可惜，这么难的数学题，我也不会。 小宝当时压力大吧，但人家也没向我吼叫，而是擦干眼泪，自己反复思考，最后终于解出了习题。 有时候我想，我们从社会责任和生理方面，可以有指导孩子的义务和权力，但在很多方面，孩子确实有值得我们家长学习的地方。

除了学业，孩子们还要面对学校里种种意想不到的压力。昨天小宝给我讲了一个发生在他们学校的故事，真的让我很震惊。小宝学校有一个美国黑人女孩，昨天放学时突然发飙，她用午饭袋突然击打一位女同学的头部。等到另外一位好心的女孩过来劝架时，这位黑人女孩又用午饭袋砸向这个女孩的脸部。假如我的孩子就是被黑人女孩欺负的那个学生，我心里该是多么心疼？任何学校都不是真空环境，如果孩子们能够应对好学校里所有的压力，身为家长，我们就应该感到很欣慰了。我们能做的，就是在家里为孩子最大限度地提供最宽松的生活环境，避免对孩子有任何形式的施压。乱吼乱叫，首先要杜绝。

昨天我辅导小宝写中文作业时，小宝的两个造句，更是惊得我汗颜。昨天课本里有两个用"但是"的造句。为了应付这个作业，小宝造句如下：（1）我不饿，但是我还要吃饭。（2）我想玩，但是我不能。童言无忌，小宝的造句反映了小宝的最真实的内心世界。因为担心孩子长不高，最近我一直对小宝进行填鸭式喂养。每天放学后，我让他喝一杯奶，再吃点儿零食。有好几次，小宝确实说不饿，但我还是坚持让他吃，小宝也懂事地吃了。这个造句，让我忽然明白，我是多么难为孩子呀。

"我想玩，但是我不能。"小宝的这个造句，几乎可以让我长篇大论。我自认为我不是虎妈，除了让小宝写简单的日记，我没有给小宝任何额外的课外作业。孩子想玩而不能玩，这和学校和家庭都有关系。

小宝现在上的都是尖子班，作业难度大内容多，仅仅是写作业就会占用他很多时间。另外，他每周还有很多课外活动，而这些活动又都是他喜欢的，我只是负责接送他参加而已。时间有限，活动杂多，难怪小宝会觉得忙，根本没时间玩。

看了小宝的这个造句以后，我和他一起算了账，让他明白他为什么会这么忙。 我也试着让他减少些课外活动，但他哪个都不想放弃。 想玩没时间玩，或许这就是另外一种形式的成长烦恼吧。

通过昨晚这件事，让我明白了小宝的心思意念，也让我检讨和反省了自己。 家庭教育肯定不会永远和风细雨，偶尔的亲子冲突，除了可以增加彼此的了解，也可以知此知彼，避免以后的冲突。

我总算明白了，大人有压力，孩子也有压力，大人解决压力的方法绝对不是大吼大叫，而是理解、耐心和宽容。

我要时时提醒自己：想对孩子发脾气时，一定要克制！

督促孩子的学业要量体裁衣

在有意识或者无意识之中，所有的家长都爱攀比，包括我在内。 如果通过有形或者无形的攀比，能够达到激发孩子进步的动力，这种攀比或许是有益的。 但如果在一味的攀比中，迷失了孩子前进的方向，这种攀比就是有害的。 比如说，看到大家都让孩子出国，有的家长心里就开始闹腾了，是不是我也应该让孩子出国呀？ 大量的事例已经证明，并不是每个孩子都适合出国，这是肯定的结论。 所以，家长一定要先了解孩子的优势和劣势，然后再决定是否让孩子出国。

每个孩子都不一样，每个孩子都有自己得天独厚的优势。如果家长能够在平凡的生活中，挖掘出孩子独特的优势，扬长避短，让孩子做他最擅长做的事情，这样的家长就是有智慧的。别说是家庭和家庭之间的孩子各有千秋，就连我家的三个孩子都不一样。 我在抚育这三个孩子的过程中，也得靠量体裁衣的方法和他们"周旋"。

无论是对生活还是对待自己的学业，我家小宝是个特别容易满足的孩子。 小宝对吃穿用品等，没有特别高的要求，他对名牌也不热衷。 像小宝这样的孩子，在生活中很随和，和小朋友相处也很融洽，总而言之，我们养这个孩子特别省心。

小宝在生活中这种容易满足的性格，如果用在学校的功课中，就不是特别好了。 比如美国学校的评分标准都是 ABCD 制。 虽然说九十分以上功课得 A 的孩子都是好学生，但得 90 分和 100 分同样 A 的分量却大不相同，90 分稍不小心就是 B 的成绩。 每当小宝得了 90 分满足于 A 的时候，我就要提醒他：“虽然得了 A，但你还有进步的空间，你一不小心，就是 B 的成绩了。 至少要得 95 分左右时，你才是稳稳当当的 A 等生。”

和小宝相比，我家二宝对功课特别认真。 不用我提醒她，二宝就知道对所有的功课一定要尽量拿到最高分。 对这样的孩子，我就不需要提醒她要好好考试，而是要提醒她，功课虽然重要，但身体更重要。 美国高中的功课学业繁重，加之二宝又选修了很多大学课程，每天应付作业就能让她忙得不可开交。 毫不夸张地说，每天夜里十二点以前，她就没睡过觉。 我看在眼里，疼在心上。

二宝上高二时，参加过哈佛大学主办的虚拟国会训练班。 这次培训，共四天时间，每天的日程表都排得满满的，活动一直要进行到夜里的 12 点。 二宝是个能吃苦的孩子，无论培训多么紧张，她都能高高兴兴地完成指定的任务。 培训结束回家以后，二宝顾不上四天在外培训时的紧张和疲劳，一到家就打开书包要把耽误的功课和作业赶上。 为了赶作业，15 岁的二宝只好熬夜加油。 天亮以后，还要继续去上学，课后还要参加学校的红十字俱乐部。 对二宝的刻苦精神，我在肯定的同时，也一次次地提醒她，学业重要，身体更重要。 如果精力不允许，就别为上名校玩命。 人生是一场马拉松，要调整好自己的速度，只有这样，才能跑到终点。 跑马拉松时如果一开始就冲刺，十有八九熬不到终点。

与小宝和二宝相比，我家大宝又是另外一番景象。 在这三个孩子当中，大宝的抗压能力最强。 比如她即使考试没考好，她也会乐观地寄希望于下一次。 孩子的这种乐观精神虽然值得鼓励，但如果孩子乐观过度了，就有可能出现判断失误的情况。 比如大宝上大二时的一次化学考试，就让她跌了一大跤。 明明知道化学不是自己的强项，在几次考试不理想的情况下，大宝还是硬挺着，不到黄河不死心，直到最后失败为止。　看到这种情况，我只好提醒她，遇到难以攻克的课程时，如果努力无效，可以把这门课放下，不要做以卵击石的尝试。

　　我之所以罗列出我家孩子不同的特点，是想和各位家长共享一个事实：即使是一母所生的三个孩子，孩子和孩子之间也大不一样。　所以，在养育子女时，我们这些作家长的，一定要在平常的观察中，了解孩子的优势和劣势，对症下药，给孩子一些具体的建议和指导。　基于同样的原因，孩子和孩子之间真没有可比性，别人的成功经验只能当作参考，而不能亦步亦趋地邯郸学步。　根据孩子的具体情况，扬长避短，量体裁衣，不仅是一种智慧的选择，也是让孩子可能成功的一种外在保证。

美国小学的好人好事作业

我们这里的美国小学为了鼓励孩子们做好人好事（good deed），老师让学生把自己做过的好事以作文的形式写出来。 小宝和我谈这个作业时，非常头疼。 为了弄明白这个问题，我们娘俩的对话如下：

"妈妈，你给我提个醒，我都做过啥好事？"
"你特别顺从，听爸爸妈妈的话，这就是好事。"
"不行，不行，好事是指对别人有帮助的事。"
"那你帮妈妈喂猫，就是好事啊。"
"好像不行，我帮的是猫，我帮的不是人。"
"你帮妈妈扫雪，这肯定行了。"
"也不行。 老师让我们写帮陌生人的故事。"
"那你们为美国穷人募捐食物，这肯定行了吧。"
"这也不行。 老师让我们写帮某个人，而且是我自发的帮助，不是男童军的集体活动。"

我想了又想，忽然想起去年回国时，小宝给二姨倒过水喝。 嗯，这个准行。 根据我了解到的好人好事标准，首先，小宝帮的是人，而不是动物；其次，我并没嘱咐他帮二姨倒水，这完全属于他的自发行为；第三，小宝的二姨是亲戚，不是小宝的直系亲属，如爸爸妈妈。 这个不行，还啥行呢？ 等我和小宝一说给二姨倒水的事，小宝又否决了："老师让我们写帮助陌生人的好事，我认识二姨，她不是陌生人。"

讨论了半天，小宝还是没主意。 莫非他也得写一个帮美国老奶奶过马路的故事？ 不行，美国老奶奶好像都挺利索的，根本不用人扶。 我忽然觉得，这个作业还真挺难。 如此难的作业，那么小宝最后到底是怎么应付过去了呢？

经过小宝绞尽脑汁的回忆，最后他终于想起一个他助人为乐的故事。 他上小学四年级刚开学的一天，他们学校学前班的一个小孩在楼道里找不到教室了，这位迷路的孩子恰好被小宝遇见了，于是小宝就把这个孩子带到了教室。 再仔细想想，符合老师作文要求的故事渐渐浮出了水面。 去年回国，小宝在南京和天津心甘情愿地把游船上靠近窗口的位置让给陌生人，这也是好人好事啊！

通过做这个在我看来比较难的作业，我和小宝对他过去和现在的德育表现，有了归纳性的回忆。 在启发小宝写这个作业的过程中，我对小宝有了更清晰的了解。 他是个顺从父母的孩子，他喜欢帮妈妈做力所能及的家务（喂猫、扫雪），他对长辈（二姨）有孝心，他积极参加爱心活动（童子军）。 在我看来，小宝最关键的品质是，他很诚实。 在没有想出合适的好人好事时，他没想着要编个假故事应付老师。

诚实是个非常重要的品德，通过这件事，我对小宝的未来更有信心了。

我家的美国高中生都忙些什么?

　　美国高中生每天都很忙很忙，这是一个不争的事实。 这个"忙"字，其实是个很抽象的概念。 我以我家二宝的作息时间表为例，来具体说说美国高中生为什么会那么忙。

　　我们这里高中的作息时间总轮廓大致是这样的，早七点半上课，下午两点半放学。 在这七小时之内，成群结队的高中生们要在不同的教室之间穿梭。 不像国内的高中，数理化语文政治外语都在一个教室里进行。 美国高中基本和美国大学差不多，不同的课程都在不同的教室里讲授。 所以，美国高中生的第一忙，就是穿梭忙。

　　无论是带饭还是买饭，美国高中生的午饭都是在学校解决的。 值得一提的是，美国学校不同年级的就餐时间并不一样。哪个年级的学生轮到吃午饭了，这个年级的学生们一定要快速前往食堂。 稀里哗啦吃完午饭后，呼啦啦的学生如风卷残云般又呼啦啦地撤退了。 由此可见，美国高中生的第二忙，就是吃午饭忙。 你要是像林黛玉似的细嚼慢咽，对不起，时间到了，饭没了，你赶紧回教室去吧。

　　上课期间，其实并不是美国高中生最忙的时候。 放学以后，才是各路人马大显身手最忙碌的时刻。 美国高中的课外俱乐部五花八门，不参加课外俱乐部的高中生几乎没有。 我家二宝参加的是学校的啦啦队。 下午两点半放学以后，啦啦队训练马上开始。 上了一天课，孩子们累不? 肯定累。 即使累，二宝也要打起精神参加学校的课外活动。 你说我这个当妈的能不心疼吗?

让我心疼的还在后面。 啦啦队训练结束以后，二宝还要去参加十里地之外的尖子生绘画班。 从啦啦队到绘画，从动到静，二宝需要马上进行心理上的调整。 累了一天，孩子饿不? 肯定会饿的。 一是因为孩子们代谢快，二是午餐时间短，孩子们不一定吃得饱。 为了不让孩子饿着肚子学绘画，我只好把零食带到车上，让二宝在路上为自己充饥。

画了三小时的画，已经是晚上八点了。 为了给二宝节约些时间，我又把煮熟的饺子带到车上，让二宝在车上尽快把晚饭解决掉。 这么紧张，无非是想给孩子省个十几分钟。 省十几分钟，孩子就可以多睡十几分钟。 时间就是生命，这话一点儿不假。 任何人睡眠不足都是要折寿的。

回到家以后，已经是八点半左右了，在车上吃完晚饭的二宝又要写作业了。 美国高中的作业分三六九等。 二宝上的课水平都比较高，都属于尖子班的课。 这样的作业耗时长，难度大，甚至一门作业就要耗去至少一小时。 几门功课堆起来，就要花五小时左右的时间写作业。 写完作业，就是下半夜了。 甚至有好几次，二宝为了写个好作文，居然熬了个通宵，然后第二天还要照常去上课。

唉，看到孩子们这么累，我真心疼。 孩子这么刻苦努力，无非是想将来上一个好一点的大学。 但如此玩命的孩子多了去了，学生之间的竞争自然会很激烈，即使这么努力，也不能保证人人都能进名校。 看到孩子如此疲惫的样子，有时候我真纠结。

今天我去学校接二宝回家，高中的走廊里，坐着练大小提琴的男生，飘着跳芭蕾的女生，还有很多篮球足球健将们。 此情此景，让我不禁感叹，美国现在的高中生比我们当年要难多了。

为了进好的名校，孩子们不仅要成绩好，课外活动也要跟得上。

咱家孩子拼爹找不到北，拼妈没那个实力，一切只能靠自己了。即使这么努力，也不能保证孩子一定能进名校。反正只要孩子奋斗过了，未来的结果如何只能交给命运。无论如何，咱家能吃苦的二宝真的让我敬佩。因为除了啦啦队和画画，她还要去打工，以及去小学辅导小学生写作业。

美国高中生为什么忙？以小见大，从咱家孩子身上，现在你一定能知道答案了。为了让孩子应付好高中课程，当孩子忙的时候，大人别叽叽喳喳地瞎指挥添乱，就算是帮孩子了。

第九课 *9*
LESSON NINE

孩子们的生活记录

虽然我们留不住时光的脚步，我们却能用文字记录下孩子们成长的点点滴滴。当我打开育儿日记，回味过去的美好时光时，孩子们活泼可爱的笑脸顿时浮现在我眼前：逛商店时，二宝慷慨解囊为我买衣服；大宝不辞辛劳地为全家人做饭；小宝真心鼓励我这个时常缺乏自信的妈妈。在多年的育儿生活中，我不仅亲眼见证了孩子们的成长历程，我也从孩子们的身上学到了很多智慧。比如，当小宝向我认真地陈述他的巧克力逻辑时，我开心地笑了。

孩子们的觉悟比我高

　　小宝昨天有个体操比赛，一大早就得起床。 我们出发时，天还没亮透呢。 小宝刚一坐到车上，就无奈地叹着气："妈妈，我好累。"

　　是啊，不到十岁的孩子天不亮就起床，哪能不累呢。 困倦中的孩子胃口通常都不好。 参赛前，小宝只喝了一杯牛奶，吃了两块小面包。 我知道这孩子不仅没睡醒，他肚子里的油水也不够。

　　早晨七点半左右，我们总算到了比赛场地。 在报到、热身和几个小时紧张的比赛之后，我总算为小宝松了口气。 孩子，好样的！ 你能坚持下来就是胜利。 这都中午了，你肚子饿了吧？ 别急，妈这就给你买个热狗去。

　　在我做这番思想活动时，小宝仍在比赛中心等候发奖呢。 身处乱哄哄的运动员队伍里，小宝轻松得像没事儿似的，他根本就不知道我疼他疼得心颤。

　　买好热狗后，我向前来助威观战的二宝说："去，给弟弟送个热狗吧。"哪知道听了我的命令后，二宝无动于衷，还给我讲大道理。 "妈，比赛区不许吃东西啊。"什么？ 不对呀，我看有些孩子嘴里明明正在嚼着什么呢。 他们能吃，你弟弟怎么就不能吃呢？ "妈妈，在比赛区可以吃糖果，但不能吃食物。 这是规定。"二宝的原则性特强，我实在说不过她。

一想到小宝的肚子空了，我急不可待地要亲自行动了。 在离小宝有五六米远的栏杆处，我张牙舞爪地喊了半天也没得到小宝的回应。 当小宝在无意中四处张望时，他终于看到我这爱操心的妈妈了。 "干啥呀，妈妈。"小宝走过来，脸上写着不解。 "来，宝贝，吃个热狗吧，你一定饿坏了。" "不行啊，我饿也不能吃啊，妈妈，在比赛区我是不能吃饭的。"

我的好心得不到孩子的及时回应，这真让我失望。 刚来美国时，我总觉得美国人死板。 现在好了，我家的这两个小美国佬儿，和我当年看到的美国人一样死板。 吃糖果和吃热狗，能有什么不同呢？ 不都是吃吗。

虽然我有上述的心理活动，但我确实也明白，死板其实就是守规矩。 虽然我被孩子拒绝了，但我家孩子能如此守规矩，颇令我欣慰。 看来我要向我的孩子们学习了，什么时候我能和他们一样死板了，我的觉悟也就上去了。 青出于蓝而胜于蓝，孩子觉悟比我高，我虽败犹荣。

我家孩子的觉悟比我高，表现在方方面面。 去年美国感恩节，晚饭吃完火鸡后，我带着孩子们去美国某家著名商店瞎逛。看看东，看看西，我们买了几件毛衣之后，大宝又看上了一件大衣。 她比划来，比划去，臭美了一会儿，决定把这件大衣拿下。

带着买回的一大堆减价衣服，我们缴款后，美滋滋地回家了。 到家后刚开袋验货，奇怪的事发生了：大宝明明只买了一件大衣，我们也只交了一份大衣的钱，可我们看到的却是两件大衣。 真是见鬼了！ 怎会这样呢？ 想来想去，肯定是收款员弄错了，顺手把另一件放置在收款台上的大衣给我们包回家了。面对这件意外收获的大衣，咱家的两个丫头二话不说，直接干脆地让我把它明天送回商店去。 咱家孩子不爱占便宜，拒绝不义之财的好公民精神，值得我表扬一次！

慷慨的二宝

　　二宝要参加中学毕业典礼了，为了应景，她得买条毕业典礼裙。 下午我们去商店时，看到一大帮"年轻的"裙子在向我们招手。 在眼花缭乱的裙子面前，二宝挑了又挑，看了又看。 她看得兴致勃勃，我却渐渐不耐烦了。 我咋那么不爱逛商店当陪客呢。

　　傻站着总不是事儿吧，为了打发时间，我也在这店里挑件衣服吧。 虽说这是小女孩的衣服店，假如我使劲装个嫩，挑个适合我的颜色和样式，也不是不行吧。 不是说女人要忘掉年龄吗，此时不忘，还待何时？ 好，我就拿这件淡棕色短袖上衣吧，这衣服腰身不错，样式不老不嫩，我试穿时自我感觉良好。

　　到了该付款时，大宝向二宝偷偷使眼色。 这是啥密码呢? 原来她们姐妹俩商量，我这件衣服，由二宝买单。 我向来鼓励孩子的孝顺之心，好，那你就给妈交款吧。 只见二宝从钱包里拿出一张百元美钞，特别大方地递给了收款员。 这一张可是二宝的所有财产，结果她用她财产的三分之一，给我买了件衣服。 这孩子，够慷慨吧。

　　去年过圣诞节时，二宝又慷慨了一次。 她用她在公文学校打工挣来的几百美元，为我买了一个近百元的墨镜，还为他爸爸买了一个颈部理疗仪。 对姐姐和弟弟的圣诞礼物，二宝也表示了应有的照顾。 慷慨的二宝，一如既往地奉献着自己的小财产。 这样的好孩子，让我自豪。

大宝给全家人做饭吃

这两天美国在过劳动节。 在节日气氛的熏陶下，咱家大宝忽然爱劳动了。 过节这两天，每晚都是她给全家人做饭吃。

第一天晚上我们全家人吃的是鸡肉芥兰面。 顾名思义，这种面里只有这三样东西。 为了做好这道面食，大宝早早就下厨房备料了。 切鸡肉，摘芥兰，煮面，看似特别简单的面条，居然让大宝在厨房里忙得团团转。

孩子第一次下厨房，我当然要好好研究一下她的手艺了。 我发现大宝做的面和咱做的面不太一样。 咱做的面是热汤面，大宝做的面是干冷面。 仔细嚼两口，我好像还能品出一点奶油味出来。 这是西餐面条啊。 孩子爹趁孩子们忙着盛面摆碗筷时，把我拉到一边悄悄地对我说，将来咱去大宝家给她看孩子，她就用这个招待咱？ 孩子爹本是中西餐通吃的，但吃别人做的西餐没问题，一看到自己的孩子摆弄西式面条，他的中国胃开始担忧起来。

第二天晚上大宝如法炮制，她用玉米粒、绿豆、土豆泥、牛肉馅、奶油等又做了一道大餐。 她先把肉馅、玉米粒、绿豆混在一起炒熟，接着又把煮熟的土豆变成土豆泥，然后她用这些炒熟的原料又来了一次深度加工。 已经都熟了，咱就吃吧。 大宝忙忙碌碌之时，我没忘了唠叨两句："还折腾什么呢？ 多麻烦呀。""妈妈，做饭哪能怕麻烦呢，再等等，一会儿就好。"只见大宝拿出烤盘，她先把玉米、绿豆和肉馅码在烤盘底层，然后再用土豆泥把底层的东西全部盖住，最后再放到烤箱里又烤了半小时。 我一看这架势，得，这又是西餐。

孩子能下厨房给大家做饭吃，这是件多么值得高兴的事儿。可我是多么希望大宝能给我做顿皮蛋瘦肉粥啊。 记得大宝小时候为了讨我欢心，还真向我表过红心呢："妈妈，等我长大了，我给你做豆腐和米饭吃。"大宝儿时的稚言稚语仿佛就在耳边，这孩子怎么就变卦了呢。 时间真是个魔术师，他把大宝的豆腐和米饭意识悄悄地变成了西餐情怀。

毫无疑问，将来我们和孩子除了要应付代沟，还要应付我们的中国胃和孩子爱吃西餐这个问题。 出了趟国，养了几个不爱喝中国稀粥的孩子，我的心哪，仿佛已变成一碗一碗的稀粥，我不知该用什么样的容器，能把它们好好装起来。

儿子的巧克力逻辑

我家的七龄童，实在是我的最爱。他不仅长得帅，心眼儿好，这孩子还特别爱思考。咱家这小人儿，经常把我这个所谓的美国博士问得一愣一愣的。我坚信，他提出的各种各样问题，大大地促进了我大脑的转动，这对预防我的大脑痴呆绝对大有好处。

昨晚吃饭时，儿子又向我发问了。"妈妈，我的中文课要学到什么时候啊？"我答："你是中国孩子，你的中文要一直学下去呀。"儿子听了我的回答，吓了一跳，又开始提问："妈妈，那等我当爷爷的时候，我还要学中文吗？"哈哈，等你当爷爷的时候，妈妈就管不着你啦。

类似的提问，儿子几乎是天天讲月月讲年年讲啊。不久前，儿子开始关心养生话题，他动不动就问我："妈妈，为什么巧克力可以防癌呀？"这事我哪儿知道呀，反问道："谁告诉你这个的？""二姐呀，二姐对我说过，巧克力可以防癌。"呵呵，现在的孩子，人小鬼大，他们好像什么都知道。

儿子对巧克力的钟爱，可以追溯到他三岁那年。儿子幼时的保姆是位武汉阿姨。虽然这位老人家特别擅长做汤汤水水，但她却忽视了奶粉的重要性。自从儿子断奶以后，老人经常给儿子喝肉汤，香喷喷的肉汤造成了儿子幼时对牛奶的抗拒。

汤是不能代替奶的。为了对付这个不喝奶的儿子，我一度非常着急。请教美国儿科医生，我方知美国的巧克力奶很受孩子的欢迎。一试，果然如此。我儿虽然不喝纯奶，但他对巧克力奶却偏爱有加。好吧，那就喝吧。不知不觉中，儿子已经喝了近五年的巧克力奶了。

最近带儿子做牙科检查，发现小家伙的牙齿出现了问题。那些隐藏在牙间的龋洞，让我非常担忧。孩子挺注意口腔卫生的，这些用 X 光发现的小洞洞，从何而来呢？

想啊想，我恍然大悟。巧克力奶，一定是巧克力奶的原因。儿子那些小牙儿天天泡在巧克力的蜜罐子里，不得龋齿才怪呢。于是，我紧急下令。孩子，从今天开始，你要开始喝纯奶了。如果你继续喝巧克力奶，你的牙齿们都会长洞洞的。

儿子虽然很不情愿，但他还是接受了我的建议。比较懂事的孩子，就是好管。于是，在今年四月的一天，我的儿子经历了人生的第二次断奶。当我把最后一个巧克力奶的空瓶子丢进垃圾桶时，我仿佛完成了一场重要的大革命。

用纯奶代替喝了近五年的巧克力奶，儿子肯定非常不习惯。一个是甜甜的，一个没什么味道，这巨大的反差，可想而知。毫无疑问，自从这次断奶后，我家这位小人儿对巧克力的思念，每时每刻都在进行中。

我的儿子有一个特别独特的性格。当他有求于人时，这个小人儿总是比较含蓄。比如他想让爸爸带他去游泳，他并不直说此意，而是含蓄地问："爸爸，你刚下班，累吗？"儿子的小脑瓜一转，孩子爹就明白了儿子没说出来的下句话——如果你不累，能带我去游泳吗？依此类推，当儿子想念巧克力奶时，他并不直接说想喝巧克力奶，而是暗示我，巧克力可以防癌啊。

儿子的间接索取法，终于在一天早晨爆发了。那天，儿子正要吃巧克力蛋糕时，我无情地把蛋糕上的巧克力豆扔到了垃圾桶。儿子一看，急迫万分。他的表情，就好像我抢走了他心爱的玩具一样。情急之中，儿子尖叫："妈妈，你要是不让我吃这些巧克力豆，我会得癌的。"呸呸呸，小乌鸦嘴，不许说得癌。 你看这小人儿，关键时又来了个间接推理法。

这些天我在随意翻看萨特的《文字生涯》。 在这本书里，萨大师着实花了一些篇幅，声讨了成人对孩子的绝对权威和干预。 我随便找出一段来看看："我的为人，我的性格，我的名字都是成年人决定的。 我学会通过他们的眼睛来观察自己。 我每跑一步，每跳一下，都遵循着他们用目光所规定的模范孩子的标准，并继续由他们的目光来确定我的玩具和天地。"

每当我看到上面这样的段落时，我总会想起我的儿子。 我甚至担心自己的孤陋寡闻，会扼杀儿子丰富的想象力和快乐。 比如，儿子的巧克力逻辑，说不定真的会有一些道理。

如果巧克力真的可以防癌，得龋齿总比得癌强吧。

二宝绘画得奖

二宝的学校近期要开一个冬季运动会。 在美国，学校运动会叫 games。 我初闻时，还以为 games 是扑克牌那种比赛呢。 那天大宝看我稀里糊涂的，就友情提醒我说，games 相当于学校里的奥林匹克运动会。 噢，运动会呀，这我懂。 我在中国学英文时，运动会好像叫 sports meeting，这么多年了，我还没转过脑筋来，脑子里还时常迸发出中国式英语。

为了给运动会制造声势，美国学校先拿艺术说事儿。 去年年底，学校发布通知，校方要在全校范围内征集运动会会标。 校方广而告之曰，会标设计的最终获奖者，将享受校内最高的荣誉。 那就是，学校所有运动员将身着印有这个会标的运动衫参赛。

咱家二宝平时最爱参加各种比赛了，这个机会她当然不会错过。 她按照规定，画了个作品送去参赛。 没想到，咱家二宝的作品在学校得了第一名。 这就意味着，全校 300 多位学生将把咱家二宝画的画儿背在身上，去参加友谊第一比赛第二的运动会。

多光荣啊，二宝。 运动员们不仅要背着你的画儿去拔河，去长跑，他们还要背着你的名字到处运动呢。 就凭这个，二宝就已经让我这个没有艺术细胞的妈妈非常佩服了。 今天二宝带回了她的获奖作品。 我一看，二宝的画是挺震撼人心的。 你想知道美国学校运动会的口号吗？ 二宝的画上，写了三个英文词，这几个词就是这次运动会的口号。 看了这几个简单的词，我似懂非懂，只好让二宝给我比划了一下字义。 看来我不仅艺术不行，英文也够呛啊。

这神奇的三个词是：clash crush conquer

二宝的学校一直挂着美国蓝带的标志，这是个让中国的教育工作者们观摩过的学校。 能在这样的学校里获艺术奖，咱家二宝又让我自豪了一次。

大宝忙昏了头

　　美国高中生没有不忙的，孩子们不是为功课忙，就是为课外活动忙。 今天大宝所在的短跑队有个校际比赛。 放学以后，大宝根本就没回家，而是坐着校车直接去外校参加比赛去了。

　　比赛完毕，孩子到家时已经十点半了。 都这么晚了，人家美国学校根本就没管晚饭。 敢情咱孩子是饿着肚子为学校争光去了。 我一听，心里这个心疼啊。 "大宝，快过来吃妈妈做的嫩排骨，娘再给你削两个猕猴桃吃。"大宝匆匆坐下，花了五分钟时间简单填饱肚皮后，她一边上楼一边往嘴里塞水果吃。 看到孩子忙成这样，我想批评她数学又没考好，我都舍不得说她。不抓紧时间不行啊，孩子有一大堆作业，明天还有另外一门考试。

　　大宝的数学老师太能折磨孩子了。 这次数学考试，大宝成绩还是不理想。 我气得差点儿尖叫怒吼砸电脑键盘（别太当真，哈）。 别看我这么着急，大宝这孩子却大有一股"任凭风浪起，稳坐钓鱼台"的劲头。 "妈，别着急啊。 今天大伙儿考得都不好，就连平时数学比我好的约瑟夫才考了二十几分，我比他多了那么多分呢。 班上除了几个数学脑袋考得好，其他大部分人得的都是 D 和 E 呀。"我的天哪，这是考啥子呢，不会是考哥德巴赫猜想吧。

因为大宝的课外活动太占时间，我建议她减减课外活动，还是重点照顾一下那可恨的微积分吧。　为了响应我的号召，大宝确实做了一些努力。　公文学校的助教由原来的每周两次减成每周一次，这孩子还说要多花些功夫好好学学数学。　实在不行，再考虑找家教。

每当我为孩子痛恨微积分时，我就想起几天前我读过的一篇文章：数学不好的女孩都是好姑娘，因为她们的抗压能力比较强。　大宝在压力面前的抗压表现绝对不像我，而是像俺婆家的那位著名姑姑。　难道说咱家这大宝将来也会是个管理人才？

四只羊肉串

今晚全家外出吃饭，照例去了湖南楼。 坐下，寒暄，服务员过来递菜单，一切都像轻音乐一样流畅。 我们是这里的常客，每次来，我们基本总是点那几个菜。 即使不用菜单，我也能点个100分。

今天老公胃口大变，他忽然讨厌牛肉，思念起羊肉来了。人生苦短，想啥吃啥。 得，先点一个羊肉串做开胃菜吧。 因为这是我们第一次点羊肉串，不知味道如何，于是就只要了一份先试试，四个羊肉串，八美元。

五个人，只有四个羊肉串，该怎么分配呢？ 这事还没轮到我操心呢，孩子们自己做主了。 羊肉串端上来之后，大宝给我夹一个，二宝给爸爸夹一个，剩下的那两个，就由三个孩子共享了。好香啊，大宝一边吃，一边继续往我盘子里夹属于他们的羊肉块儿。

美国孩子会给爸妈夹菜吗？ 好像不会吧。 美国人基本都是各吃各的，顶多客气一下而已。 美国孩子会这样做四除以五的除法吗？ 咱不知道。

反正咱家孩子知道让爸妈先吃，让我挺知足的。 吃着羊肉串，咱嘴里香喷喷的，心里也是甜的。

孩子们长大了，懂事了，咱心里能不甜吗？

我家有个天天向前走的孩子

我家有个天天向前走的孩子，他只要喜欢上某种东西，他就会持之以恒地为拥有这个东西而努力。无论是书籍、难解的数学题、看不懂的乐谱，还是高难度的体操动作，这个孩子最后总能把它们征服。

这个孩子今年八岁，正在上美国小学二年级。这个孩子有些突出的性格特点，他轻松爱笑，想象力丰富，乐观，怕死，善解人意，还颇具幽默感。这个孩子不是别人，他就是我八岁的儿子小宝。

小宝这孩子不仅自己天天向前走，他还鼓励我也天天向前走。那天，当儿子看到我的《美国男女》样书后，他兴奋得差一点儿从椅子上掉下来："妈妈，一旦出了书，你就是名人啦！"

听到儿子这么鼓励我，我真不忍心向他披露那些无情的事实。如今出书的人很多，并不是出本书就能成为名人的。如果出名真的这么简单，我何不早些时候出书呢。不论是在中国，还是在美国，很多书刚一离开印刷厂，就变成了无人理会的垃圾。这些内部规则我虽然早就明白，但我怎么忍心和我的儿子实话实说呢。听了儿子对我的鼓励，我只好对儿子淡淡地笑笑："好啊，妈妈会继续努力的。"

"妈妈，你一定要接着写呀，等你写出八本书之后，你就更出名啦！"我的儿子根本不明白我心中的五味杂陈，还在兴奋地为我筹划未来："等你写完八本书后，找人给你做个网站吧，网址就叫 www. chenwan. com"。

多可爱的儿子啊，他居然对妈妈这么有信心。每当我患得患失不知何去何从时，我的儿子总是在谈笑间为我送来巨大的鼓励。

我常常想，如果我们大人能像孩子一样对凡事有信心，那该多好啊。

我家有个天天向前走的孩子，这个孩子还天天拉着我和他一起向前走，我是多么的幸运……

第十课 *10*
LESSON TEN

做个好妈妈任重道远

在观看热播的电视剧《大丈夫》时，我从中看到了中国家庭教育中的某种潜在危机。如果说影视剧是真实生活的一种写照，或许这部电视剧中所呈现的家庭教育危机恰好反映了当今中国家庭教育的现实。在孩子们的成长过程中，从提醒孩子吃健康食物到关心孩子的功课，从提醒孩子孝敬老人到对孩子的早恋指导，我们既要照顾好孩子的情绪，又不能失去应有的原则。做个合格的好妈妈，谈何容易？所以说，做个好妈妈不仅任重道远，做个好妈妈也应该是女人一生的修炼。

家庭教育的核心是爱心教育

任何人的成长，都离不开两种基本教育。 一是学校教育，二是家庭教育。 学校教育主要负责孩子的知识成长，而家庭教育则主要负责孩子的精神和心灵成长。 当我们的孩子离开校门，走向社会时，支配他们在工作中言行举止的决定因素，不是依赖学校的知识培养，而是来自家庭的精神和心灵教育。 所以说，家庭教育非常重要。 因为孩子性格的塑造，主要是在家庭内完成的。 性格决定命运，有什么样的性格，就会有什么样的人生。 家长怎么教育孩子，孩子就会在社会中怎样展示自己。

在家里，我们到底要教育孩子什么呢？ 别动这个，别动那个，好好学习，考上名校，这就是我们家长教育孩子的主要内容吗？ 等孩子最终上了名校，而对父母毫无孝心时，谁能体会家长的无奈和叹息？

正本清源，我觉得爱心教育应该是家庭教育的重点。 因为爱和顺从是携手同行的。 有爱心的孩子，才会顺从家长和长辈，而孩子们在顺从长辈的过程中，同时表达了他们对父母的爱。 乐观地预测一下，只要孩子有爱心，很多难以解决的家庭教育问题都会迎刃而解。

孩子不听话、不懂事、乱花钱、和大人顶嘴、天天玩游戏、不回短信，诸如此类的问题，是不是经常让我们家长头痛？ 于是，我们就苦口婆心地分门别类地管孩子。 孩子，你花钱要节约啊，你怎么不理爸爸妈妈呀，你怎么和爸妈顶嘴呀。 悲观地说，这样管孩子，根本就是治标不治本。 如果孩子心里没有爱，你只能管得了一时一事，却管不了一生一世。

我们可以这样做一个推理，一个孩子如果对父母有爱心，他就不会轻易和父母顶嘴，因为他爱爸爸妈妈，他知道和爸妈顶嘴，会伤爸爸妈妈的心。 有爱心的孩子，不会乱花父母辛辛苦苦挣来的血汗钱，因为他心疼爸爸妈妈。 有爱心的孩子，不会不回父母的短信，因为他怕爸爸妈妈着急。 类似的例子还可以举出许多，道理都是大同小异。 因为孩子心里有爱，他舍不得做任何伤害爸妈的事情。

我们中国父母因为太爱孩子了，尤其是一些独生子女的家长，恨不得把所有的爱都倾注到孩子身上，却忽视了一个最简单的事实：你掏心掏肝地爱孩子，孩子对你如何？ 孩子领情吗？ 孩子知道感恩爱你疼你吗？ 如果家长对这些问题的回答都是否定的，那么他们的孩子长大成人后，很有可能就更不会在乎父母的感受了。

也许有人会说，孩子还小，不懂事，长大以后就好了。 这种想法听上去似乎有道理，但不一定对。 爱心仿佛是粒种子，爱应该在孩子的心中慢慢发芽，直至成长壮大，爱心的培养不是朝发夕至的易事，爱心的培养更不是可以突击完成的短平快。身为家长，我们必须把爱心教育融化在每日生活的点点滴滴中。

在家中怎样培养孩子的爱心？ 这是一个大话题，每个家庭都有自己独特的方式播种爱。 以我家为例，养小宠物，对孩子的爱心培养就有帮助。 帮小动物喂食，怕小动物走失，外出旅游时心里惦记着小动物，这是我的孩子们对动物的爱。 家长在孩子面前不说别人坏话，不讨论他人是非，这对培养孩子对他人的宽容之心有益处，因为宽容也是一种爱。 在我看来，家长彼此相爱，是对孩子爱心教育的最有力教材。 一个在父母争吵不断的环境中长大的孩子，体会不到家庭的温暖，缺少安全感，爱的种子怎么会健康成长？

　　对我家的几个孩子，我们从来没有像开会一样进行爱心教育，我们对孩子的影响，全都在日常生活的点点滴滴中产生。应该承认，我本人是个有爱心的家长。我的爱心，或许来自遗传，或许来自我儿时的成长环境。记得我小时候，我的爸爸妈妈就非常有爱心。不仅对我们几个孩子，我的爸爸妈妈对其他人也非常仁慈。有一次，郊区的农民到我家附近卖菜，不巧赶上了暴雨。当这位农民在冷雨中冻得瑟瑟发抖时，我的父亲为他递上一杯热水驱寒。当八岁的我目睹我父亲对陌生人的爱心时，在我的心底，爱的种子似乎在悄悄说话，别人遇到困难时，我要帮他。

　　或许读者会奇怪，明明是说孩子对父母的爱，怎么又扯到陌生人了？我是这样想的，如果孩子对陌生人都能有爱心，这样的孩子还能不爱爸爸妈妈吗？所以，家长不应该忽视孩子对他人的态度，从善如流，应该是我们培养孩子爱心的终极目标。比如我们回国时，一遇到街头的乞丐，我的孩子们就会去投钱。虽然我知道这些乞丐有可能是假的，但我也不把这个事实说破，而是支持孩子去帮助乞丐。我想，如果孩子连乞丐都同情，他们还能不心疼爸妈吗？

　　我应该自豪地说，我的三个孩子都很有爱心，很多家长遇到的难以解决的问题，至少现在，我暂时都没有遇到。以我家大宝为例，自从她上了大学以后，她几乎每天都会给我写信报平安。如果哪天忙了，写信晚了，大宝还会向我道歉。我的几个孩子都知道爸爸工作辛苦，从不乱花钱，也不要贵重的礼物。这一切，我都归功于孩子们对父母的爱心。

　　所以，我认为爱心教育应该是家庭教育的根本。只要孩子心中有爱，很多问题都会烟消云散。

《大丈夫》中凸显的家庭教育危机

2014 年初春，中国大陆热播电视剧《大丈夫》热到美国之后，我也凑热闹，开始欣赏剧中的"大丈夫"了。当大部分的观众特别关注剧中的男女之情时，我对这部电视剧所传达的教育信息却心有担忧。有人说，这部电视剧特别真实，它基本反映了中国社会的现状。如果真是这样的话，这种可怕的真实，尤其是和子女教育有关的真实，更是让人担忧。

剧中的顾晓岩是个很善良正派的年轻妈妈，为了照顾家庭和儿子乐乐，硕士学历的她，不惜全职在家近十年，一心一意抚养教育孩子。在我眼中，顾晓岩是个近乎完美的女性形象。然而，即使是这位完美的妈妈，在我看来，她在教育儿子方面也有不当之处。

场景一：得知丈夫任大伟背叛家庭之后，顾晓岩闷闷不乐。一日晚餐时，任大伟回家。懂事的乐乐走进厨房，要给爸爸盛饭。就在这时，顾晓岩走进厨房，夺下乐乐的饭勺说："去，妈妈来盛，别烫着你。"

就这么简单的一个场景，让我看到了中国家长对孩子的过分关爱。如果在美国，乐乐的举动肯定是会受到家长表扬的。给爸爸盛饭这件事情虽小，却彰显了乐乐这孩子的两份爱心。一是疼爸爸，给爸爸盛饭，可以让爸爸尽快吃饭。二是疼妈妈，让妈妈坐着继续吃饭，不劳妈妈辛苦。 这个小场景就是孩子爱心教育的小课堂。 可惜，这么好的家庭教育机会，却让妈妈给否定了。 可以预想，以后再遇到类似的情况时，乐乐再也不会主动帮妈妈爸爸了。 至于怕孩子烫着，虽然有道理，但妈妈完全可以教孩子呀。 让孩子做些简单的家务，在厨房怎么避免被烫伤，这也是家庭教育最基本的内容。 总听说教育工作者对中国孩子缺少爱心和动手能力差的现象表示担忧，像顾晓岩这样的好妈妈在这方面都有欠缺之处，中国的家庭教育还不值得担忧吗？

孩子的动手能力，应该在日常生活中培养。 为了能吃到椰子，瞧，我家小宝一丝不苟地在努力着。 小宝的爹就站在他身边，就是不帮他；小宝的妈就站在他前面，但也不帮他。 当小宝成功地"制服"这个椰子之后，别提他有多高兴了！ 看到第44集《大丈夫》里乐乐命令任大伟："爸，你给我开瓶盖。" 唉，我又担忧了……孩子不动手，哪会有动手能力呢？

场景二：顾晓岩离婚后结识的男友赵康满怀爱心，帮她照顾放学以后的乐乐。 音乐出身的赵康，本来是应该按照顾晓岩的期待，亲自教乐乐拉小提琴的。 但乐乐不爱学琴，于是赵康就和乐乐一起联合起来骗顾晓岩，在学琴的时候去踢球。

这个场景也令人深思。 顾晓岩不顾儿子的个人兴趣，逼迫他学琴，这首先就值得警醒。 或者说，顾晓岩并不了解自己孩子对学琴的厌倦，而是一味地随大流让孩子受罪。 仅以乐乐学琴为例，顾晓岩不照顾孩子的感受，只以家长的意志为中心，强迫孩子做他不喜欢的事情，这种家长在中国应该不罕见。 而剧中的乐乐在赵康的帮助下，以瞒着妈妈去打球来解脱对学琴的厌倦，赵康的这种做法对孩子也无益处。 用欺骗让孩子去逃避一份责任，这种做法对吗？ 赵康何不私下和顾晓岩交流一下，把乐乐的现状实事求是地告诉她，然后两人再和乐乐一起交谈，做出一种让乐乐口服心服的选择。 这样做，也是对孩子的一种尊重。 可惜，电视剧的编剧却向观众传达了与之相反的信息。

场景三、四：欧阳剑的女儿淼淼和赵康分手前后，两次去赵康的店里闹事。第一次，她砸了店里的玻璃。第二次，她摔了店里的玻璃杯子。吵吵闹闹，动静之大，淼淼哪像个教授的女儿？

电视剧虽然是娱乐大众的工具，但电视剧作为一种文化传媒，它应该向观众传播一种正能量。看了淼淼一出出的闹剧之后，观众或许会这样想，教授的女儿都这样，和她相比，咱家的孩子就已经不错了吧。比来比去的，大人和孩子越比越糊涂。

我觉得家长在教育子女时，应该注意对孩子自制力的培养。自制力主要有两种，一种是情感上的自制力，一种是行动上的自制力。比如爱上一个不该爱的人，就得靠情感的自制力来压制这种感情。淼淼明知道赵康已经不爱她了，她应该靠理智和自制力优雅地转身离去。可惜她死缠乱打，明显缺少一种情感上的自制力。行动上的自制力，似乎比情感上的自制力简单，但这种自制力是受情感约束的。不管多么气愤，哪怕是怒发冲冠，你也不能动手把人家的生活打得落花流水。比如这个淼淼，爱情都去了，你还敲碎人家的玻璃干什么？这孩子简直就是情感和行动自制力完全缺失的人。

我真希望这部电视剧都是虚构的，是个完全没有生活基础的胡说八道。可事实偏偏不是如此，很多观众都说这部剧太真实了，它所反映的就是中国当今社会的方方面面。如果真是这样，我真为中国的家庭教育担忧。

中国父母对孩子的过分溺爱,请休矣!

中国家长对孩子的溺爱,虽然时有所闻,但总体来说还不至于特别离谱。 在2014年的两会上,一位官员的发言,让我对中国家长又有了新认识。 据新闻报道,在3月9日晚全国"两会"新闻中心举行的网络访谈中,国家邮政局市场监管司副司长刘良一爆料:由于快递业务的便捷,眼下,高校学生把积攒的脏衣服寄回家洗,再通过快递寄回来,成了邮政的一种新业务。

开什么玩笑! 这种让我百思不解的新闻,居然出自一位官员之口。 身在大洋彼岸,我不禁悲观地感叹,中国的家庭教育,真的要四面楚歌了。 因为这位官员继续说,有这种需求的业务比比皆是。 这就意味着,更多的大学生会把脏衣服寄回家,让他们的父母为他们清洗散发着异味的衣服。

如这位官员所言,生活好了,人们确实可以花钱买便捷。但让异地的父母为大学生洗衣服,应该不属于生活便捷的范畴。大学生除了学习,还要有独立生活的能力。 如果他们连自己的衣服都不能洗,他们还有什么生活能力可言? 像洗衣服这种简单的责任,如果大学生都不愿承担,那么等他们毕业以后,该怎么面对工作责任和社会责任? 根据医学原理,人体器官不用则废,懒得洗衣服的大学生,双手的灵巧能力也会随之退化,更严重一点儿说,不会洗衣服的大学生相当于残废!

记得我们上大学时,每周的洗衣服时间,是让我们轻松愉快的好时光。 即使在严冬，即使我们把手泡在冰冷的自来水里，哪个大学生会有怨言？ 大家在公共水房洗衣服时，会一起聊天，也会轻轻地唱歌。 这种简单的劳作，不仅累不坏我们，还会调剂我们紧张的大脑。 只有父母不溺爱我们，我们的生活能力才能得到最大程度的锻炼，这对我们结婚生子后的生活也大有益处。

离开中国二十多年，中国的变化让我们惊喜和意外。 与此同时，一些中国父母对孩子的溺爱之心，也超出了我们的想象。中国父母"不识庐山真面目，只缘身在此山中"。 我们这些在海外养育子女的家长，在大洋彼岸关注着中国的家庭教育，确实可以看出国内教育的一些弊端。 这种担忧，每次回国时我都会看到具体的实例。 实事求是地说，和尽量鼓励孩子自己动手的美国家长相比，中国父母对孩子的溺爱，已经太过分了。 过分的溺爱，不是爱孩子，而是害孩子！

我家的三个孩子，虽然生活能力不是特别强，但我也是在日常生活中不断地培养他们的生活能力。 只要孩子上了初中以后，他们都是自己洗衣服的。 把衣服丢进洗衣机，转一会儿，然后再烘干，洗衣服就这么简单。 在我看来，洗衣服虽然是件小事，但培养孩子对自己的生活负责，却是一件大事。 在父母庇护下的孩子，本来就没有太多值得他们操心的事，自己洗衣服，自己整理房间，是生活对他们的最基本要求。

我家也有大学生，我从来没想过要为她的脏衣服负责。 每次放假，即使孩子带些脏衣服回家，也是她自己清洗干净的。只要不过分溺爱孩子，孩子的生活能力一定会超出家长的想象。真心希望这种大学生邮寄衣服的邮政业务永远没有市场，真心希望中国的大学生都能活得朝气蓬勃。 先从搞定脏衣服下手，以后才能搞定生活中形形色色的杂事。

多年以前，鲁迅在狂人日记里疾呼，救救孩子。 时隔多年以后的今天，我们还要疾呼，救救孩子！ 如果我是邮政管理的官员，我宁愿邮寄业绩下降，我也不愿为大学生邮寄脏衣服。救救孩子！此文在呼吁救救孩子时，也呼吁救救父母，只有没有教育素养的父母，才会如此溺爱孩子。

减少垃圾食品对孩子的危害

民以食为天，无论是大人还是孩子，吃，确实是大事。 对孩子而言，吃得健康才能健康的成长，美国学校对营养的平衡很重视，金字塔形的营养配餐，孩子们从小就懂。 不过理论是理论，实际是实际。 尽管孩子们都明白吃健康食品的好处，但在生活中，完全杜绝垃圾食品，只吃健康食品，几乎是不可能的。

当周围的妈妈们和我谈起孩子们的饮食习惯时，我发现，给孩子们吃什么，居然是个让妈妈们头疼的事情。 比如说，王家的孩子坚决不吃肉，李家的孩子坚决不吃菜。 这么一弄，王家孩子营养不良，李家孩子又长得太胖。 与王家和李家的孩子相比，我家孩子几乎不吃海鲜。 每次回国，我和我的孩子们都会被亲朋好友们唠叨几句："唉，多好吃的鱼啊，孩子们怎么就不尝尝呢？"

美国孩子非常有主见，他们不爱做的事情，大人真的很难勉强。 比如王家不吃肉的孩子，她的吃素动机是为了保护动物。你看看，孩子这么一弄，家长真是没辙。 我家孩子不爱吃鱼，我也勉强不得。 到底给孩子们吃点啥，真不是填饱肚皮这样简单。

众所周知，全世界的食品都存在着激素污染的危机。 为了减少激素对孩子们的危害，我尽量买价格公道的有机食品。 在我们这里，有机牛奶、鸡蛋、芹菜、胡萝卜、牛肉馅、鸡腿、香蕉等价格合理，任何有收入的美国中产阶级都付得起，这些有机食品当然是我家孩子们常吃的食物。 此外，我坚决不买酸性饮料，只让孩子们喝水、奶和果汁。 至于外出旅游时，我们会让孩子偶尔喝喝雪碧和可乐。 在家里的时候，这些饮料绝对没有。

饮食与孩子的健康和身高大有关联，营养不均衡的孩子身高偏低，这是一个已经被证实的常识。 据 2014 年 3 月 7 日的新闻报道，如今 7 岁到 17 岁的中国男孩平均身高比日本同龄男孩矮 2.54 厘米。 在我们印象中，日本男性身高应该低于中国男性才对，但最新数据呈现出来的结果不禁让人担忧。

身在美国，中国孩子的身高普遍低于美国人，这是一个无法回避的事实。 除了基因遗传的原因，饮食习惯也不可忽视。 美国孩子吃肉喝奶时都如狼似虎，咱家孩子吃肉时都比较秀气，难怪咱家孩子的身高只是平均水平。 在美国，太矮的男生是要被人歧视的。 虽然人们嘴上不说，但大家心里都有谱。 尤其是在学校，男生太矮，不仅容易被人取笑，还可能被欺负。

怀着这样的担忧，我对我家小宝的饮食绝对不敢忽视。 我读林书豪传记时，获得了这样的信息：林书豪个子本来很矮，上高中时才一米六几，但高二以后，他的个子忽然疯长起来。 据林书豪的妈妈介绍，林书豪十二岁以后，他在妈妈的督促下，每天把牛奶当水喝。 坚持喝了多年的牛奶，林书豪在高二那年，身高终于接近全班第一。 知道这个增高秘诀之后，我在我家小宝身上立刻执行。 现在的小宝，每天除了要多喝一杯奶，我还会让他多吃两根冰激凌。

有两篇新闻报道，非常令人深思。 国内有一位家长，长期给自己的孩子吃可乐拌饭。 时间久了，这孩子居然吃出了酸中毒。 还有一位家长，为了不让孩子喝可乐，她把泻药加到可乐里。 只要孩子一喝可乐，马上就会腹泻。 这位妈妈用这种欺骗的方法，试图制止孩子对可乐的过度依赖。 这两位妈妈基本代表了两类家长，一类家长是对食物常识无知，另一类是即使家长知道某种食品的害处，却不知道怎么劝解孩子。 通过这两件事，我从中学到了很多。 身为母亲，我们首先要有关于食品营养的基本常识。 二是劝说时，尽量不用说谎的方式，而是让孩子心服口服。 我家小宝比较崇拜林书豪，听说林书豪小时候大量喝奶，小宝马上高高兴兴地接受了我的建议。

孩子现在还小，当他们还在我们的身边时，我们可以督促他们吃健康食物，尽量让他们从小养成良好的饮食习惯。 这件事看着很小，我却觉得很重要。 如果我们不能从小培养孩子吃健康食品的习惯，那么等他们长大以后，他们自然而然地会继续吃非健康食品。 然后，他们还会把这种饮食习惯传递给他们的下一辈。 代代相传，整个家族的饮食习惯就这样形成了。 从另外一个角度说，能够抵抗垃圾食品的诱惑，对孩子的自制力也是一种锻炼。

所以说，吃饭是小事，也是大事。 给孩子吃什么，也能间接反映出家长的教育理念。

关于孩子们的婚恋观

看到这个题目，也许有人会惊叫，你家孩子刚多大呀，你现在就开始操心孩子的婚恋观了。是的，如果在中国，我肯定不会现在就操心这事儿，但在美国就不一样了。美国高中生的早恋比较普遍，即使咱家孩子不想早恋，但她们的情感也有树欲静而风不止的时候。我觉得吧，即使现在的早恋不能开花结果，但早恋是未来真恋的预演。为了孩子们长远的情感，我现在就要开始给他们"下毛毛雨"。和男孩相比，女孩比较容易在情感中受到伤害，所以我家的两个女娃是我教育的重点。

首先，我提醒孩子们未来的爱人要找同龄人相恋。为了说明这一点，有一次我给我家的两个女娃讲过杨振宁和翁帆的故事。当我的孩子们听说这起"82"和"28"的隔代恋时，他们用 disgusting（恶心）来形容这桩婚姻。在美国，除了好莱坞大导演，普通的美国百姓也有很多隔代恋。比如大宝的高中同学就嫁给了她的长辈，这位年纪小小的美国女孩，十八岁就开始失学结婚生子了。无论美国多么自由，我绝对不希望自己的孩子步这位美国女孩的后尘。在大宝很小的时候，我就给她灌输过这个最简单的观点，二宝现在长大了，她们姐俩都认同我的这个要求。我要让我的孩子们懂得，不要奢求一步登天的人生，未来要和同龄伴侣相伴，一起成长，一起挣扎，一起吃苦，一起收获，一起变老。

其次，不和多才多艺讨人喜欢的男孩走得太近。 在我自己的人生中，我发现多才多艺的男孩大多情感丰富，和这样的男性交往，稍不小心，就会卷入三方或者多方情感的漩涡中。 是啊，谁不爱才呢。 多才多艺的男孩，你喜欢他，其他女孩也会喜欢他的。 换个角度再来说，这样的男孩，即使他喜欢你，他也可能同时会喜欢别人。 平平淡淡才是真，我提醒我家女娃们不要和花里胡哨的男孩走得太近。 关于这点，我和老公有共识。 孩子爹站在男人的角度，也支持了我的看法，只是我们执行起来有一定难度。 孩子的生活阅历毕竟有限，除了甜言蜜语，她们还看不到任何潜在的痛苦。 尤其是我家二宝，她本身就多才多艺，很容易结识花里胡哨的男孩。 对二宝，我现在就开始提醒她，要远离美国高中里贾宝玉样的男孩。

第三，最好找中国人的后代，如果男孩会说中文，可以考虑加十分。 关于这一点，理由太明显了。 同为中国人的后代，才会有类似的价值观和人生观，未来的生活才有可能具有中国特色。 我对孩子的这个要求大概比较苛刻，也比较保守和传统。只可惜，即使是美国华裔后代，能讲流利中文的男孩也不会满大街都是。 我喜欢让孩子找中国人的后代的这个想法，是基于我对涉外婚姻的迷茫不解。 据我所知，无论是在小说中，还是在现实生活里，很多嫁给美国男人的中国女性都要和老公搞 AA制。 谁付水电，谁付狗食，都要分得一清二楚。 我觉得夫妻双方搞一天两天的 AA 制还可以，若一辈子都这样 AA，太累了吧。加之一些美国男人不喜欢中国太太的父母来访，我悲观地一想，如果我的孩子嫁给了美国人，以后我若想和女儿来个天伦之乐都会有困难啊。

最近读到一篇美国华裔女孩和美国男士相亲的新闻，我对美国男士更加不解了。 "相比中国典型的约会方式，美国式约会更加随意。 中国人认为，当女孩频繁和一名男性约会时，那么两人的关系应该是一对一的状态。 这在美国完全不同，除非双方恋爱关系存在排他性，否则美国男女很可能同时和多名异性约会。 在对对方作出承诺之前，他们甚至会告诉约会对象，自己还在和别人约会。 另外，美国男性追求女性的方式和中国男性也大不相同。 如果中国男性追求女孩，即使是刚开始约会，他们也会经常联系对方，向女方透露自己每天的行程。 亚洲国家的女孩在被追求的时候，总会收到早安短信或者午餐短信。 男性也会在下午和晚上一直与女方保持联系。 这可以说是中国男性表达感情的方式。 在美国，男性约会时会尽全力让女方开心，甜言蜜语不断，但约会后，他们往往不会频繁联系。 有一次，一名美国男子与蒋女士约会后，音信全无。"这样的涉外婚姻首先让我害怕了，所以我经常会提醒我的孩子们，以后尽量找中国男孩啊，关上门以后，美国人到底啥样，咱们真搞不懂。

第四，要找尊重和爱护女孩的男士为友。 或许是我比较传统，或许是我对女追男的感情永远不乐观。 我觉得，如果男女之情出现了女追男的情况，这个感情就要仔细审视，甚至是停止。 我这样提醒过自己家的两个女娃：不要轻易向男同学示好，如果他喜欢你，他会找你的。 如果他不找你，说明他可能不喜欢你，不管你怎么折腾，也没用。 目前我家的两个女娃都没有追男孩的迹象，或许这和我"下毛毛雨"有关。 只有男孩主动，他才有可能尊重女孩的情感。 美国也有 easy come easy go（来得容易，去得也容易）一说，我不希望我家的女娃被男孩的情感牵着走。

我为自己的孩子想象了很多未来的情感世界，却唯独没有想过未来男方家的经济情况。 这大概和美国的国情有关。 美国中产阶级的家长不会像中国的中产阶级家长似的，恨不得替孩子买房子。 我个人认为，对方家长的经济情况不应该成为子女婚姻选择的决定力量。 基于这种考虑，我从来没向自己的孩子提过和经济条件有关的情感选择。 我家大宝目前和一位美国男孩交往，二宝在高中里也出现了情感的小苗头。 说实话，美国高中生的恋情，有时候真让我头痛。 管吧，大家都这样，在早恋成风的大环境中，我管不出什么名堂出来。 不管吧，又怕孩子耽误学习，更担心孩子受到伤害。

真是两难。 我能做到的，就是经常给他们"下毛毛雨"，希望孩子们能理解我的一番苦心。

该不该给孩子付大学学费？

如果在中国，大学学费这个问题根本就不是问题。 中国家长为孩子付大学学费，这几乎就是天经地义的事。 因为中国大学生的贷款制度尚没有美国完善，如果家长不给孩子付大学学费，中国孩子确实没法应付大学生活。 在美国，情况就不一样了。 如果没有父母的支持，美国大学生可以靠贷款完成自己的学业。 身处这样的国度之中，我们对孩子的大学教育花销就有了一种选择机会。 我们可以给孩子付学费，也可以不给孩子付学费。 我们到底该怎么办？

或许是舐犊情深，或许是中国的家庭教育习俗在我们身上已经根深蒂固了，虽然在美国生活了二十几年，我们依旧保持着国内的传统。 大宝上大学以后，我们对她的学费不但百分之百全包，而且还提供全部的生活费和住宿费。 这么一年下来，花销确实不菲。 写到这里，对学费这个问题已经有了答案，似乎我可以停笔了。 其实并不然。 即使我们为孩子交了学费，也让她在大学里衣食无忧，但理财和亲情教育却不能没有。 几天前，大宝和我共享了一篇新闻，让我对她的内心世界有了更深的了解。

这篇新闻报道了一个真实的故事。 美国纽约州的一位私立高中女生，因为交友不善，得不到父母的认可，她最终选择了离家出走。 这位高中女生在寄宿朋友家之后，状告父母并向父母讨要学费和生活费。当她的父母与她对簿公堂时，不禁泪水长流。辛辛苦苦养大的女儿，居然如此不顾念父母之情，把父母告到了庭上。大宝给我讲这个故事时，不禁眼泪汪汪的。她讲完这个故事后，明确地告诉我："妈妈，我们三个谁都不会这样的，这个美国女孩对父母太狠心了。"大宝如此表态，我当然很欣慰。随后她又告诉我，她和二宝也讨论过这个新闻，她们两人的看法很一致。

其实无论是在中国，还是在美国，孩子们很容易把父母在经济上和体力上的付出当作家常便饭。习以为常的事情，孩子们就有可能把它当作是生活的常态。殊不知，当孩子对父母的付出熟视无睹时，衣来伸手饭来张口就成了一种习惯。动不动就要钱，花钱大手大脚，也就不奇怪了。

为了防微杜渐，我经常会给孩子们讲美国学生吃苦耐劳的故事。我班上有一位美国女孩，高考成绩非常优秀，但她却选择在社区大学读书。为什么她会这样呢？据她自己坦言，她不愿让她父母给她付几万元的学费和生活费，她要靠自己的工作养活自己。这位漂亮美国女孩的家庭故事，确实让我非常感动。我班上还有另外一个男生，他的梦想是读医学院，但他现在也暂时在社区大学修学费低廉的基础课。这又是为什么呢？原来这位男孩的妈妈现在正读医学院，他们家实在没有能力再支持他读学费昂贵的名校。为了成全妈妈的梦想，这位优秀的男生选择了学费低廉的社区大学。

每当我给我的孩子们讲上述这样的故事时，他们都能用积极的态度回应这些故事。空洞的说教有时候会让孩子们厌倦，有血有肉的真实故事会让孩子们有置身其中的感觉。听了这些故事以后，二宝向我表态："妈妈，以后我上大学，不让爸爸妈妈给我交学费，我可以打工或者贷款。"瞧，故事的力量强大吧。二宝能明确表态，让我非常欣慰。至于我们是否会为她交大学学费，等到时候再说吧。只要孩子懂事，明白父母的辛苦，这样的孩子就不会差到哪里去。

面临家庭教育困惑时该怎么办？

有一天，二宝熬夜写作业。我都咪了一觉了，醒来看到二宝屋里的灯亮还着，我以为天亮了，孩子该上学了。于是，我腾地坐起来，赶紧跑到楼下给二宝拿吃的。等我拿来酸奶和水果时，二宝说："妈，现在是夜里一点钟，我还在做作业。"

二宝这学期修了很多文科课，而这些课又都是大学的课程，难度大，功课多，孩子的忙碌可想而知。为了应付这些功课，她几乎天天都要熬夜忙着写文章，我应该承认，这孩子真是累坏了。最要命的是，孩子这么努力，老师还不轻易给 A。

这两天我恰好读了一本韩国哈佛妈妈写的书，书里面提到哈佛爸爸帮助孩子的故事。哈佛女孩想考日语 SAT 时，实在找不到考古题。为了让女儿了解考试内容，哈佛爸爸替女儿考了一次日语 SAT，然后把记下来的题回来讲给女儿听。

瞧，家家有本难念的经，养孩子的苦与累，真说不清是什么滋味。对我来说，最大的困惑不是苦与累，而是来自我和孩子交流时的文化和选择的冲突，我不妨举几个例子来说明一下。

例子一：二宝的学校有一位特别有本事的男生，这个男孩不知靠着什么关系，把数学课的考古题全部都弄到了手。因为二宝和他关系要好，这男孩好心好意地把两份考古题送给二宝看。如果是我，我肯定会特别高兴。学习有了方向，得 A 不就轻而易举了吗，何况这些都是考古题。 谁知道，二宝和我想的完全不同："妈妈，考试前看这些考古题，是欺骗行为。 很多考题都是原封不动从考古题来的呀。 我这样做，不仅不诚实，而且还会惹麻烦。"经二宝这么一说，小宝在身边也随声附和，说来说去，显得只有我觉悟最低。 我的孩子宁愿在微积分的难题中挣扎，也不愿走捷径偷工减料，是他们的诚实衬托了我的投机取巧？ 还是我的孩子们太死板了？ 这件事让我非常困惑。 反正在中国，我们都很喜欢考古题。

例子二：美国小学功课轻松，课后空余时间多。 为了让孩子们的课后生活丰富多彩，我给他们报名参加了很多体育班。 随着年龄的增长，孩子们的功课在逐年增加。 虽然美国和中国相比，分数不决定一切，但在小学和初中交接阶段，孩子的功课还是很重要的。 为什么呢？ 美国的小升初也要由分数决定。 为了让小宝集中精力提高成绩，我对他说："孩子，你的体育活动时间够多了，咱们要不要适量减减武术的时间？"谁知道，小宝和二宝一样，也有自己的想法："不，我还要继续学武术。 武术老师说，放弃不好。"好在小宝的初中课都进了尖子班，即使他继续这些体育活动，对他的小升初确实没有影响。 但进了初中以后，功课肯定更忙碌，如果小宝依旧，我再劝说他减少体育活动，他肯定还是要坚持。 到那时，我该怎么办呢？ 这事让我比较头疼，也比较困惑。

例子三：美国学校的亲情和家庭观念教育非常出色，我家的几个孩子都知道家庭和睦的重要性。 家庭第一，是他们常用的口头禅。 作为母亲，看到孩子们对家感情深厚，我心里当然高兴。 但家庭观念太强的二宝，有时候也让我哭笑不得。 有一次，大宝开学了，我们一家人都要送她去学校以示关爱。 不巧的是，大宝开学那天，二宝有几个作业要做。 毫无疑问，只要去一趟大宝的学校，二宝回来就得熬夜加班加点。 为了让二宝多睡点觉，我建议她："别去送姐姐了，在家好好写作业吧。"我劝了半天，就是说不通，最后她还是去了，回来以后又几乎忙了个通宵。 这件事给我的困惑是，我该怎么把孩子从固有的良性思维中拉出来，让她做更有利于她的事呢？ 我该怎样劝说太懂事的孩子呢?

　　家家户户的种种例子说明，养育孩子绝不是照顾他们吃饭睡觉那么简单。 每一件需要交流的小事，都可以成为父母了解孩子的重要窗口。 理解孩子，能和孩子共鸣，是为人父母的荣幸。 困惑不解，不能和孩子共鸣，考验的是为人父母的智慧和理性。 在孩子的成长过程中，我们家长不应该以绝对的权威对孩子指手画脚。 倾听孩子的声音，了解孩子的想法，不仅可以有效地处理眼下的事情，这对孩子的独立思考和自信心的培养也大有好处。

如何让孩子自觉孝敬老人？

2014 年春节刚过完，央视推出的家风和家规的系列采访节目引起了我的注意。 在电视访谈中，有不少年长的受访者除了怀念以前家风的淳朴，更多的人在批评当代家庭在家风方面存在的问题。

这种新闻对我来说已经不再陌生。 无论是我自己的回国经历，还是在各种媒体中发布的新闻，类似的故事并不鲜见。 随便在网上看看，就可以读到更具体的报道：一个已经读初中的男孩，父母安排他随车去走亲戚，这个孩子忙着坐在电脑前打游戏，拒不理会父母的话。 即便关了他的电脑，也照样不去；给他压岁钱，忙着打游戏的他，手也懒得接一下。 一个已经读初中的女孩，也是痴迷电脑游戏，除了吃饭和讨要压岁钱，其他时候并不合群。 至于见到的那些年岁小的孩子，娇惯成性的比比皆是，当父母的唯命是从，孩子成了家里的主宰。 孩子的一些劣习，在父母那边可能变成了个性。

2013 年我回国，遇到了几位国内的小字辈。 在我出国的这二十几年里，这些孩子忽然就长大了。 从我这方面来说，他们都是值得我牵挂的孩子。 到了国内我才知道，我对他们的牵挂大概有点儿自作多情了，因为这些孩子并不在意我的牵挂。 和他们在一起时，好歹我也是个长辈。 但我感受不到一个小字辈对长辈应有的最起码的礼貌。 根据我的观察，这些孩子对他们父母的尊重程度也不够。 看看这些孩子，再看看自己身边的小宝和二宝，我不禁心有所思：绝不能让自己的孩子如此对待长辈。

我承认，这些孩子从本质上说应该都是好孩子，他们的父母也应该是好家长。 我认为问题的关键是，家长和孩子之间对礼数教育没有达成共识。 大人不提醒孩子，孩子当然不知道问题的严重性。 根据我家孩子的经历，我认为只要大人能把道理跟孩子讲清楚，孩子是能够做到最基本的礼节的，而不会像我引用的故事里面的孩子一样，对大人的要求无动于衷。

我本人在年少时就不懂世故，虽然我心里知道长辈值得我尊敬，但我表现出来的样子经常是适得其反。 在长辈眼里，我对长辈的尊敬程度远远不够。 我很委屈，长辈又很生气，亲情完全弄拧巴了。 现在该轮到我的孩子孝敬长辈了，为了补偿我以前对长辈的欠缺，回国是我们教育孩子孝敬长辈的最佳机会，我要和我的孩子们一起诚心诚意地对长辈表示我们的尊重。

2013 年回国时，我们的亲情教育比较成功，婆家人重点表扬了我的三个孩子。 想想我和孩子们为长辈所做的点点滴滴，其实不多，也很简单。 但即使如此，长辈就已经很高兴了。 由此可见，对长辈的尊敬应该完全融化在生活的点点滴滴之中，常回家看看，多体谅老人，亲情不只是在逢年过节时的突击行动。

去年夏天，我们回国大约六星期。 除了外出旅游，我和孩子几乎每天都会去婆婆家看望老人。 婆婆乡音很重，对她的山东话，我经常似懂非懂。 我如此，我的孩子更是如此。 他们对复杂的中文理解程度都很有限，对婆婆的山东话，他们更是感到一头雾水。

在美国长大的孩子不能用山东话和奶奶交流，而奶奶又不会说英文，那我们就用实际行动表示对奶奶的尊敬吧。 比如到婆婆家时，我会提醒孩子给奶奶用老式的扇子扇扇风，每次去都要拥抱奶奶，离开前，也要拥抱奶奶说再见。 奶奶给什么吃什么，不要拒绝奶奶的好意，即使是不爱吃的零食，也要高高兴兴地拿在手里。 实在不爱吃，等回家以后让妈妈我来消灭它吧。无论是哪家的老人，都喜欢顺从的乖孩子，那我就尽量让孩子在奶奶面前乖一点吧。

和电脑游戏相比，在孩子眼里，老人当然没有游戏机有趣，而且老人还爱重复同样的话题，唠叨一些孩子们不爱听或者根本就听不懂的东西。即便如此，那又怎么样？老人是长辈，小辈对她的顺从和尊重应该是无条件的。在这种思想支配下，每次见奶奶时，无论奶奶唠叨什么，我们都当音乐听，我提醒孩子们绝不可面露难色，即使是似懂非懂，也要琢磨奶奶到底想表达什么意思。

其实就是我们做的这些小事，才让奶奶感到很舒心。长辈对小辈的要求真的很低，如果我们连这些最基本的要求都不能满足长辈，我们活得真是有愧。就像《常回家看看》那首歌唱的那样，哪怕给老人捶捶后背揉揉肩，老人都会很高兴。

《曾国藩家书》里的很多家训，给我留下了深刻印象。自己在教育子女时，或许也在不知不觉中遵循了曾前辈的教诲。我也读过《颜氏家训》，对其中的一些教诲也很赞同。虽然这两本书的具体内容我有些淡忘了，但我知道这两本书是值得我好好参考的育儿书籍，我也顺便推荐给读者家长们阅读。比如在曾国藩的"四字诀"家训"勤俭孝友"中，就明确指出，孝敬父母长辈非常重要。

我觉得，作为年轻的家长，平时就要经常向孩子渗透孝敬老人的意义，逢年过节时，孩子们才不会觉得和老人在一起很无趣。比如以我家为例，我就会这样告诉孩子，奶奶是爸爸的妈妈，既然你爱爸爸，你就要爱奶奶，因为没有奶奶就没有爸爸；爸爸比电脑游戏重要，奶奶也比电脑游戏重要，不能因为电脑游戏，忽视了爸爸和奶奶。

我一直认为对孩子的说教不能靠突击，而是在于平时生活的积累。只要相信所有的孩子都是好孩子，所有的孩子都是可以调教的，我们身为家长就会觉得养儿育女真是个很有趣的事业。当看到孩子真正懂得亲情无价时，我们就可以乐观地憧憬我们的未来了：等我们老了的时候，我们的孩子对我们应该不会太差。

自己的孩子自己养

有一对华人夫妻，在美国打拼十几年，等到所谓的功成名就时，才把孩子从中国接到自己身边。骨肉分别十几年，等到全家人终于在美国团聚时，父母在孩子眼中成了完完全全的陌生人。

从小没有父母之爱的孩子，除了和父母感情生疏之外，还容易自卑。"到底什么工作会比我还重要？"当孩子对父母有这样的责问时，孩子的怨气会变成一把刀，狠狠地刺向父母的胸膛。那种痛，还有十几年的光阴，到底该如何补偿？

无论是爷爷奶奶，还是姥姥姥爷，把孩子交给任何人，都无法替代父母之爱。尤其是老一辈，常常用溺爱孩子的方式，补偿孩子父母不在身边时的遗憾。老人家辛辛苦苦忙忙碌碌，他们的着重点，主要是在孩子的健康（health）和身体成长（physical growth）上。当孩子的体重从20斤变成50斤，从小学生变成中学生时，老人家会无比欣慰。可是对孩子的内心成长（inner growth）和心智与灵命的成长（spiritual growth），他们是无能为力的。而内心世界的构建，对孩子的一生是多么的重要！老人家们已经够辛苦了，我们是不忍心责怪老人在这方面的失误的，但这确实是一个无法回避的事实。

当把孩子交给别人抚养时，表面看上去可以为自己节省时间，干一番所谓的事业，可最终的结果，很可能是既亏待了孩子，自己又一事无成。 这世上，成功的机会本来就不多，干大事业的人究竟能有几个？ 大部分人都是平平淡淡终其一生的。成功的机会根本无法预测，孩子却可以实实在在地抓在手里，既然如此，为什么非要把孩子交给别人抚养呢？

我前面提到的那位中国孩子，来到美国后，因为英文不好，只上了普通大学。 上大学的好坏，本不是评论孩子是否成功的唯一指标。 问题是，美国普通大学毕业生就业难，等到父母想指导他就业时，孩子与父母根本无法交流。 十几年不在一起生活，家长和孩子之间彼此的软肋和兴奋点都互相摸不准，家长该怎么对症下药呢？ 这确实很难。 大人的话听不进去，孩子自己又困在谷底，加之孩子又有自卑心理，连女朋友都找不到。 这样的结局，难道不让我们觉得心痛吗？

父母是孩子的第一任老师，责任重大，万不可轻易推卸。无论多忙多累多穷，自己的孩子一定要自己养。 一家人挤在同一屋檐下，本是天经地义的事，家长们一定要慎重！

对孩子的期望，退一步海阔天空

通常情况下，在雪后的第二天，美国学校都会有所调整。或者延迟上学时间，或者彻底放假。

有次雪天，刚好遇到我们这里高中的期中考试周。那天早上起床，我看了看学校发来的电子邮件通知，方知学校今天因为大雪已经关门了。看到这个通知，我不禁心里松了口气。为了提醒大宝好好考试，我恨不得从去年圣诞节时就开始吆喝她，别玩啦，你好好看书，好好复习考试吧，小心别把期中考试搞砸了。没想到，一场大雪就把让我紧张多日的期中考试给拖延了。这真是人算不如天算。

大宝这孩子的智力并不愚笨，本不需要我特别提醒。但在竞争激烈、教学质量高的学校里，大宝显得有些力不从心。尤其是我们从教学质量一般的美国中部，转学到超前教育普及的马里兰，从小没受过超前训练的大宝，在这里很难当上尖子生。我一度特别沮丧，甚至怀疑搬家也许是个重大的错误。跨两个州搬个家，孩子就从尖子生变成了普通生，搬家的魔力实在太大了。大宝很努力，我也很尽心，但这孩子的成绩远不如我期待的那样。这该怎么办呢？

纵观我自己的成长道路，我本人也不是什么特别出色的人才。我上的大学是普通高校，我留学的美国大学也很一般。但这些并没有妨碍我享受美好的生活。 退一万步说，我至少还是孩子们的好妈妈。 能出人头地固然好，但平庸一生也不是天塌地陷之事。 在这世上，拔尖人才毕竟是少数，大多数人都是平平淡淡过一生的。

在出国以前，我的思想构建并不是如上所述。 在中国求学时，我很要强，也容易嫉妒比我优秀的人。 我在美国漂泊二十年，融在美国普通百姓的点滴生活中，我渐渐吸收了一些美国家长的育儿之道。 应该说，我的心态比以前要平和得多。 我对孩子的期待，也会从实际出发并顺势而为。

在对孩子的期望值这方面，一些美国家长确实有值得我们借鉴之处。 在我儿子的体操班上，就有两位值得我敬佩的美国家长。 一位是尼克的爸爸凯文，另一位是阿里斯的妈妈琳达。

尼克初来体操班时已经十岁了。 无论是在中国，还是在美国，在这个年龄学体操，确实有点儿晚了。 虽然我们如此看事，但尼克的爸爸凯文却不这样认为。 这位美国爸爸说，只要孩子喜欢，任何时候学体操都不晚。 名次并不绝对重要，关键是要孩子体会运动中的竞技过程。 每次参加比赛，年龄最大的尼克总是得分最低。 每当这时，尼克的爸爸丝毫未显失望之情。 这些本是在他意料之中的，在给儿子鼓掌的同时，他坦然接受了儿子总是最后一名的事实。

阿里斯是位体操人才，今年刚七岁，他在三岁时就被妈妈带到了体操班。 天赋加勤奋，阿里斯一直是体操班里的冠军人才。 挺好的孩子，但也有不尽人意之处。 两年前，阿里斯被诊断患有阅读障碍和多动症。 因为阅读困难，阿里斯在学校从来都不能按时完成作业，就连最简单的家庭作业，他也需要妈妈的帮助，而且学习成绩总是班里最后一名。 设身处地想一想，假如我有一个这样的孩子，我不得愁死啊。 琳达不愧是位好妈妈。 扬长避短，顺其自然，是她对阿里斯的期待所在。 琳达说，"即使孩子学习不好，能当体操冠军也行。"

写到这里，我又想起了我家大宝。 虽然她不是尖子生，但她健康乐观，生活能力强，即使去不了名校，她也肯定能学到一门赖以维生的手艺。 这么一想，我不禁释然。 我们衡量孩子是否成功，不应该只看孩子是否能当第一。 否则按照我们的逻辑，尼克和阿里斯都没法活了。 只要孩子刻苦努力，我们作家长的就要接受孩子的一切不如意。 退一步海阔天空。 假如孩子当不了月亮，就让他当星星好了。

结束语

以平和的心做母亲

有一天，二宝给我讲了这样一个故事。她班上有一位中国女孩，因为数学考试成绩不理想，被她妈妈"真空冷冻"起来了。我所言的"真空冷冻"，就是这位女孩的妈妈不理她，天天板着脸，家里像缺氧一样令人窒息，像冬天一样冷冰冰的。这位苦恼的中国女孩子只好向二宝诉苦，不知道该怎么面对自己的妈妈。

我家孩子也有成绩不理想的时候，当然我也有着急上火的时候，甚至也有大呼小叫的时候。值得庆幸的是，我的不良情绪不会超过一小时。无论孩子考得多么糟糕，我肯定不会把孩子"真空冷冻"起来。我之所以这样做，绝不是夸自己修行好，而是发扬了一点儿阿Q精神而已。母亲和孩子对抗，不仅会伤孩子的自尊心，同时也会伤母亲的身体。孩子已经考砸了，再怎么纠结也没用了，我们只能鼓励孩子丢掉过去，争取下次考好。

在成人与成人交往时，我就提醒自己，不要把自己的情绪寄托在别人身上。也就是说，不管别人对我好还是坏，我都要保持一颗安静平和的心。当我把这种处事之道用在孩子身上时，我就会提醒自己，无论孩子考得好与坏，身为母亲，要保持一颗安稳的心。我提醒自己，千万不要做"孩子考好了就心花怒放，孩子考砸了就垂头丧气"这种缺少沉稳的母亲。这在孩子眼中，也会造成一种错觉：妈妈只喜欢成功的我，如果我失败了，妈妈就不喜欢我了。比如二宝的那位同学，就是这样看自己妈妈的。

身为三个孩子的母亲，我深深地感受到一个事实：养孩子比生孩子要难多了。 如果把家长比作木头，那么孩子就像是木头上的彩色油漆。 孩子点缀了我们单调的生活，我们也无法摆脱粘在自己身上的油漆。 我们对孩子的责任，是天长地久的。 不管孩子多大，孩子是否成功，我们对孩子的牵挂肯定是一生一世的。 这么长久的亲子关系，到底该怎么维持呢？ 是惊涛骇浪，还是小桥流水？ 一生一世的亲子关系的基调，在孩子很小的时候就应该定好。 我本人喜欢小桥流水般的亲子关系，孩子在我眼里，永远都是个宝。

我们中国妈妈都比较好强，当孩子考试不理想，或者成人后生活不顺利时，或者埋怨孩子，或者唉声叹气。 和中国妈妈相比，一些美国妈妈的做法就值得我欣赏和借鉴。 小宝有一位美国同学，本来在数学尖子班里，因为这种尖子班比实际年级要超前两年，难度确实很大。 这位美国学生刚上尖子班不久，觉得特别吃力，考试也得了 D。 你猜猜，小宝这位同学的妈妈是怎么处理这事的？ 美国妈妈既没在情感上"真空冷冻"自己的孩子，也没埋怨自己的孩子。 看孩子学得吃力，美国妈妈干脆让孩子从尖子班里退出来，去上普通班的数学了。 俗话说，退一步海阔天空。 这位美国男孩退出尖子班以后，在普通班里成了尖子，他们一家人皆大欢喜。 咱们中国人爱讲面子，肯定会有家长会觉得孩子从尖子班出来，太没面子了。 你看这位美国妈妈，让自己的孩子离开尖子班，他们母子根本没有什么挫折感。如果不是美国妈妈主动告诉我这事，我根本就不知道，他家整日乐呵呵的儿子数学还考过 D 呢。

孩子小的时候，我们为孩子的学习操心。 等孩子大学毕业以后，我们又会为孩子的生活操心。 操一辈子的心，说的就是这种长久的亲子情。 我虽然客居美国，但我对国内大学生的就业状态还是了解一些的。 据我所知，大学生毕业以后找不到工作，并不是罕见事。 如果家里有了这么一位失业的大学生，家长该怎么办？ 有一位美国妈妈，大约在她六十岁时，她家三十多岁已经出嫁的女儿忽然回家啃老了。 不仅她女儿自己的生意受挫，女儿的丈夫也失业了。 如果批评这样的女儿，无异于让女儿雪上加霜。 这位美国妈妈特别大度，她不仅收留了自己的女儿，连女婿也一起养了。 当然，失业只是暂时的，这位美国妈妈一边安慰自己的孩子，一边帮助他们东山再起。 在整个过程中，这位美国妈妈总是那样从容不迫，你根本看不到她的烦躁和抱怨之情。

作为老留学生，我为出国拼过命，我为科研课题发过愁。成为三个孩子的母亲之后，我发现和我当年所经历的困难相比，最让我为难的不是学业和课题，而是孩子们的教育。 换句话说，作家长是世上挑战性最强的职业。

我一直认为，即使是一个妈的三个孩子，家庭教育也没有标准答案。 没有标准答案的职业，最让人困惑。 如果所有的孩子都一个模式，我们把最优化的育儿方案应用在所有的孩子身上，那该多好啊。 可惜，孩子们是活生生的精灵，他们不是可以随意摆动的桌椅板凳。 对孩子，我们必须因人而异，对症下药，充满着人性化。

我家的三个孩子三个样，如果我把同样的育儿方法应用到三个孩子身上，肯定不行。 依此推理，全中国的孩子们必须接受各自父母们悉心的观察了解和培育。 我们这些为人父母者，不要试图从其他家长那里寻找包治百病的良药，每个合格的家长都必须有审视自己孩子的能力。 孩子的强项是什么？ 劣势是什么？ 家长必须了如指掌。 只有这样，我们才能帮助孩子扬长避短，让孩子把潜能发挥到极致。

尽管家庭教育没有标准答案，我本人在家庭教育中所遵循的基本原则是：扬长避短，坚信东方不亮西方亮。 对这个育儿原则，我具体的想法是：

（1）如果孩子的理科不行，就让孩子去学文科，我们不一定非要孩子学医，孩子不一定非要在一棵树上吊死。 我家大宝从小就有当医生的梦想，可惜这孩子化学功夫不行，学的比较吃力，成绩也不理想。 经过和孩子相商，大宝本人也同意，现在她决定去学法律。 法律偏文科，需要大量的阅读和写作，而这些都是大宝的强项。 自从大宝换了专业以后，我不会再为她的化学提心吊胆了，她本人也觉得如鱼得水。 我这种想法的根本基础是，与其花费大量的精力让孩子去拼她并不在行的专业，不如让她轻轻转个身，去探索她游刃有余的专业。 人生苦短，大人和孩子都应该学会扬长避短。

（2）上不了常青藤那样的名校，就去普通大学求学。 名校虽好，但它容不下所有的孩子。 不管你是否接受，总有孩子要去普通大学读书。 别人家的孩子能去普通学校，我家孩子为什么就不能去呢？ 只要这么一想，顿时海阔天空。 我家大宝就读的学校，虽然不是私立常青藤名校，但也有美国公立大学常青藤名校之称，更有多位诺贝尔奖获得者曾在这里就读。 另外，很多中国孩子都在这里求学，都说中国家长重视孩子的教育，别的中国孩子能来这里求学，我的孩子为什么就不能呢？ 再这么一想，顿时云淡风轻。

我们为孩子焦虑，为孩子操心，最根本的焦点，就是孩子最终能上什么学校，找到什么工作。 如果我们把上大学的事情看明白了，至于孩子以后找什么工作，都是顺其自然的事情。 孩子有什么样的能力，就让他端什么样的饭碗。 苦心孤诣，费神伤身，我并不主张孩子们要多么多么刻苦才是好孩子。 身心健康，快乐生活，并具备享受生活和应对困难压力的本领，这样的孩子就是我眼中的好孩子了。 不以名校论高低，以诚实善良和身心健康为人生目标，是我对我家三个孩子共同的唯一期盼。

附　录

推荐几本育儿书

我不否认，我是喜欢读书的。在国内求学时，我的书包里一直离不开和专业无关的书籍。遗憾当时无人指导，自己也没有主动阅读经典名著的意识。那些年，我虽然读了一些书，但以"垃圾书"为多。我侥幸读过的莎士比亚，也忘得一干二净。

虽然在国内没读到什么好书，但我喜欢阅读的习惯却养成了。所以对那些"垃圾书"，我至今依然满怀感激。可惜到了美国以后，我整日忙于功课学业和生活科研，那些滋润我心灵的文学书籍，对我来说已成奢侈。在我全职回家前的长达十四年的游子生涯里，我只读过哈金的《等待》。在与书隔离的那些日子里，我的生活中仿佛少了空气，令我窒息，我的心情也因此时常忧郁不安。读书可以藉慰人的心灵，由此皆可见。

近年来我虽然读了一些书，但我几乎没读过育儿书，当然虎妈的书除外。2011年，虎妈一夜爆红，我写的两本育儿书，也在这一年几乎同时面世。同在美国，为了对比我和虎妈的育儿经历，有一天晚上，我熬夜读完了编辑赠送的《虎妈战歌》。这是我唯一一次有意识地阅读育儿书的经历。

2011年夏天回国，在北京王府井书店里，我看到了琳琅满目的育儿书籍。我知道，哈佛妈妈的书一直受国内家长的追捧，还有那些形形色色的育儿经。说实话，书太多，真的让我无所适从。我站在这些育儿书面前，不知所措，唯恐自己的书也会让国内的家长们无所适从。

　　回到美国以后不久，国内的一位图书编辑找到我，希望我能按照一本百万畅销书的模式，也写一本类似的作品。坦率地说，对于热爱文字的我，能被编辑邀请出书，实在是一件很诱人的事。可惜当我打开编辑给我寄来的畅销书样本时，我叹息不已。那天我恰好读到作者指导家长该怎么对付怕打针的孩子。我想，如果这样的基本育儿知识，中国家长也要从书籍中寻找，我真担心中国家长真是集体弱智了。这种书，我没兴趣写，我也写不好。

　　中国家长喜欢追捧畅销书，这种现象可以理解，却值得深思。其实许多深刻的思想，包括育儿知识，都躲藏在默默无闻的角落里，只是你没有发现而已。如此言，我并不是贬低任何育儿畅销书的作者。我只是认为，作为茶余饭后的消遣，这些育儿书可以拿来看看，但家长们如果把这些育儿书当作育儿宝典，这种想法就很危险了。世上没有完全相同的两个孩子，如果你的孩子没有进哈佛的潜质，哈佛妈妈的书，即使你读一百遍，对你也丝毫无用。

　　说了半天，我到底读些什么书帮助我教育孩子呢？笼统地说，阅读小说和诗歌，可以让我的心肠变得柔软，对孩子更容易生出一种慈悲胸怀。当孩子眼泪汪汪地站在我面前时，我的心会和孩子的心，一起变得很脆弱；阅读中国古典圣贤名著，能让我从传统文化中汲取知识的营养，及时摆正自己在教育孩子时的位置；阅读外国作家的经典作品，能让我了解到天下孩子们的普遍心理共性。

　　简单举例如下：萨特的《文字生涯》和泰戈尔诗集，让我略懂一些小孩子们的心理；《颜氏家书》，让我懂得了溺爱孩子的严重后果和早教的重要性；《汤姆叔叔的小屋》，让我觉得从不抱怨的汤姆叔叔应该是孩子们的人格榜样；《曾国藩家书》，让我明白世上确实有高山般的父爱；周国平的《灯灯亮了》，让我看到了困境中的光芒；龙应台的《亲爱的安德烈》，让我知道和孩子的思想交流是多么的美妙；陈丹青的《退步集续编》，让我懂得家长在教育子女时要学会思考；《圣经》中的"箴言"，不仅能教育孩子，也能教育我。

如果继续写下去，这个读书单还可以继续增长。我暂且打住。

我觉得，假如把市面上的育儿书比作自来水的话，这些书只能解家长的一时之渴，却无法从根本上教给家长育儿的智慧。而经典的文学作品，就像是牛奶一样，它们不仅能给我们解渴，而且还能让我们的智慧有所增长，让我们的思想不至于缺钙。

一位上海网友来信说，中国现在就缺一本育儿书了，你能写写吗？我觉得，中国并不缺育儿书，而是缺少发现育儿书的眼睛。比如，只读读《颜氏家书》和《圣经》中的"箴言"，你就会从中受益很多。网络中各种各样的育儿经，我们把它们当西洋景看看还可以，切不可邯郸学步。拿我的博客为例，你若三天没来，你不会遗落什么重大的信息。但你若三天不读书，你却可能失去很多智慧。

如果家长没时间读书，家长本身能具备完全淳朴的天性也不错，就像罗中立名画中的"父亲"那样，允许孩子自由发展。可惜，大部分的中国家长，包括我自己，既不淳朴，也不智慧，却高高在上，对孩子错误地指指点点。仔细想一想，我们真是对不起孩子们！难怪鲁迅先生也在为此担忧：（家长）许多精神上体质上的缺点，也可以传之子孙。而且久而久之，连社会都蒙受着影响。

写到这儿，我不禁想起辛弃疾的"我见青山多妩媚，料青山见我应如是"。我觉得，家长对孩子，要像欣赏风景一样去欣赏。当你眼中的孩子变得可爱时，你在孩子的眼中也可能变得慈祥起来。互相欣赏的亲子关系，那该是多么的美好！

读书，从来不晚。要想改变，就在今天！下面分享澳大利亚作家 Patrick Lindsay 写过的一段话。

it is never too late（从来不晚）

to read a good book（读一本好书）

it's one of life's great simple pleasures（读书的乐趣最简单）

take a journey（开始读书吧）

relax（放松）

learn（学习）

go back in time（穿越时光）

or forward（或走进未来）

be inspired（备受鼓舞）

or challenged（或接受挑战）

share（并学会分享）

　　推荐读书单，一般都是学者和专家做的事。 我仅以普通家长的身份推荐两本书。 这两本书是《安妮日记》和《爱的教育》。

　　《安妮日记》是一位犹太女孩写的生活和思想日记。 这本书对了解女孩的心理很有帮助。 安妮虽然年龄不大，但她很有思想和主见，她情感热烈，思想理性，爱憎分明，是个性格饱满的女孩。 这本书在哈佛大学教授推荐的读书单上。

　　《爱的教育》主要是写男孩成长过程中的各种各样情感教育。 其中，爱国和宗教教育也很有分量。 家有男孩的父母，应该读读这本书。

　　我本人特别不爱看说教类的教育图书，我喜欢这两本书的主要原因是，它们都不是说教类的教育书籍。 这两本书的作者向读者呈现事实，并用感人的故事触摸读者的心灵，让读者思考，洁净读者的心灵。 反正这两本书我拿起来就放不下了，恨不得一口气就把它们读完。 当然我们每个人的阅读口味不一样，您是否喜欢它们，自己瞧瞧看吧。 上面这两本书，大人孩子可以一起读。

附：我的读书记录

● 熬夜读完了龙应台

某天，我在图书馆看到一本龙应台的《亲爱的安德烈》，就顺手把它借回来。平时我很少读亲子教育书，对这种书，我并没有饥渴感。眼看着这本书就要到期了，我只好乱翻一气，刚刚总算把它翻完了。

在我看来，这本书不太像母子对话通信录，我总觉得作者有点儿作秀和拿腔拿调的感觉。尽管这本书很畅销，但我感觉这本书并不适用于中国所有的家长。能像龙应台和儿子对话的中国父母，肯定是少之又少的。因为我们的人文和历史知识都不够。

身为普通的人父人母，有几人能明白孔子和苏格拉底到底谁更靠谱？又有几人能弄懂释迦牟尼和耶稣到底谁能施行今生的拯救？身为家长，如果我们能知道孩子在想什么，知道孩子在为什么事情发愁，然后尽量帮帮孩子，为孩子分忧解难，那我们基本就算尽职了。

我们无法复制别人家的故事。仅仅靠读一本书，就能做一个好家长？好像不太真实。中国家长们都爱跟风，无论我如何努力，我肯定是跟不上龙应台教授和《亲爱的安德烈》了。很多时候，让我这个局外人看墙外的陌生人，我总是似懂非懂。

实事求是地说，这本书的内容还是很不错的，我们从中可以学到很多知识。只是这本书并不会教我们怎么做一个好家长，而是在暗示我们该如何装样。与其相比，《傅雷家书》和《曾国藩家书》就真实得多。比如曾老人家总在提醒家人，好好养猪啊，好好养鱼啊，好好种菜啊，好好整理书籍啊。而在这本书里，他们母子一直在讨论政治、文学、艺术、哲学、音乐这种话题。大部分的中国家长天天疲于奔命，为生计操劳，哪有时间和心情去研究这些阳春白雪呢？

- 深夜读虎妈

刚回美国，还在倒时差，天昏地暗的，深夜了，依然睡不着。与其睁大眼睛干熬着，我还不如拧亮台灯，读读书吧。

这次回国，我有幸与北京某出版社的美女编辑匆匆见上一面。《我在美国做妈妈》（又名《虎妈战歌》）就是这位编辑送给我的一份礼物。为了知己知彼，更为了修改我正在写的另外一部美国教育书稿，我应该尽快读读这本《虎妈战歌》。

首先，我很佩服虎妈的文学天赋。在我读过的一些教育图书里，很多文章说教内容太多而文采不足，让人觉得很没味儿，更缺少阅读的快感。但虎妈写的文字就很耐看。里面有很多精彩的对话和情景描写，有时候我会误以为我读的是小说。

其次，这本书的大部分内容，以训练孩子的音乐才能居多，兼有养宠物等话题。从这方面看，这本书并不能完全解决中国家长在教育中的迷茫和饥渴。试想想，有几个中国孩子会花那么多的时间学琴练琴呢？但虎妈督促孩子练琴时的执著和严厉，反映了她的教育理念。

最后，书里有相当的篇幅介绍虎妈的家族成员，包括她的父母、丈夫、妹妹、婆婆。虎妈花了很多篇幅介绍她婆婆和妹妹美文抗癌的经历。要是让我写，这部分内容我都不敢动笔，因为我担心自己会跑题了。但虎妈就是虎妈，既然她写了，就有写的道理。

如果你读了这本书，你确实能体会到虎妈的严厉。如果你没读过这书，你也不会遗失太多。毕竟这主要是一本培养音乐人才的书籍，和中国教育中的数理化没太多关系。读完以后我才觉得，虎妈如此被炒红了，真是幸运。很多妈妈都能写出这样的书。虎妈动作快，捷足先登，于是她红了。

- 怎么爱你也不够

这个标题，不是我的原创，而是作家池莉一本小册子的书名。 那天，我们去图书馆闲逛时，这本小书一下子抓住了我的眼球。 于是，我借来翻阅了一遍。

在这本书里，池莉记录了她女儿亦池童年时的成长经历。 从孕育胎儿起到初为人母时，作家详细地记载了每一个令人惊喜的时刻。 作家笔下的雇用保姆、孩子入托等生活细节，肯定也会让所有的妈妈们心有同感。

确实，孩子的成长会凝聚着父母许多心血。 不久前，我参加了一位朋友的聚会。 在那里，我遇到一位从外地刚搬到此地的年轻妈妈。 这位太太育有一儿一女，很温馨的家庭，好令人羡慕。 随着交谈的继续，我却了解到了她的无奈。 原来，她英俊的宝贝儿子患有难治的多动症。 据她说，在美国多次求医无效后，她想起了国内的中医偏方。 于是，每隔一段时间，这位母亲就会带着孩子回国看中医抓药。 为了给孩子治病，她不仅辞了工作，也削减了生活中一切不必要的开支。 虽然如此，他们的日子过得还是捉襟见肘。 面对窘境，她坦然地说："我不在乎吃穿，不在乎我家房子的大小，我最在乎我这孩子的健康。"听到这几句话，我的内心浮起一阵感动，为无私的母爱感动。

有段时间，为了我家孩子选课的事情，我和一位相识多年的同学几乎天天有交流。 在谈到孩子的教育费用时，他给我列了他家的小账单：孩子高中期间，每年要花 6000 ~ 10000 美元。比如，夏天四星期的补习班，要 900 ~ 1000 美元。 再加上常规的钢琴、网球、公文学校、SAT 班和为期一周的科技夏令营，孩子的教育投资真的不少呢。

其实，为了孩子的成长，为人父母者投入的何止是金钱，更是那无尽的牵挂和操不完的心。 有一次，我家孩子的科学论文直到要上交的前一天还没有写好。 我们又气又急，在批评孩子的同时，我们怎么也得帮孩子一把才是。 由于工作的原因，孩子爸每天很晚才能下班回家。 那天，为了帮助大宝，他连晚饭都没吃，忘了一天工作的疲劳，父女俩一直忙到深夜才完成。

我想，这点点滴滴的家庭琐事，在无数的家庭中都会反复出现。在每天平淡的日子里，写下的都是父母对孩子的爱。

"怎么爱你也不够"，这真是一语道出了天下所有父母们对自己骨肉的无私感情。写到这，我不禁想起了诗人李汉荣的那首诗《生日》：

> 你不记得你的生日
> 你好像没有生日
> 你好像舍不得使用自己的记忆
> 你的记忆只刻写儿女们的履历
> 花也有自己的生日，草也有自己的生日
> 我的母亲却没有自己的生日

我们的父母这样爱过我们，现在我们又用同样的方式爱我们的孩子。那将来呢？我相信，"怎么爱你也不够"的父母情，肯定会代代相传的。

后　记

做个合格的好妈妈

去年年底，刚刚从美国德州游山玩水归来的我，收到了华东师范大学出版社朱永通编辑寄来的出书合同。大致阅读了合同的条款，我毫不犹豫地在合同上签了字，并把出书合同寄回到出版社。得知合同顺利抵达中国之后，我便把自己淹没在这部书稿中。

虽然我已经出了三本教育书籍，对教育书籍也有了那么一点儿的写作经验，但对这本书的教育话题和写作风格，我却不敢有丝毫怠慢。在书写本书期间，我一边做着媒体人的工作，一边在美国大学上文学课，同时我还在每日的家庭生活中尽力照顾好自己的子女。靠着每天每夜的日积月累，这本十几万字的书稿在动笔三个月后，终于初见雏形。然后，就是我一点一滴的修改。最后，我才怀着战战兢兢的心情，把这书稿寄给朱永通编辑审阅。

首先感谢华东师范大学出版社给了我这个难得的机会，让我能和广大读者分享家庭教育的点点滴滴。感谢网易读者的信息反馈，让我对本书的写作风格有了一些基本的方向。感谢我的家人对我一如既往的支持，尤其感谢我的丈夫和孩子对我的鼓励。

教育是个大问题，也是个大话题。我深知，无论我如何努力，这本书只能触及教育话题的冰山一角。惟愿我的这本书能为读者带去一些真实和理性的思考，惟愿我们的孩子们都能健康快乐地成长，惟愿天下的妈妈们只有开心的欢笑，而没有无奈的叹息。

陈　晚

2014 年 4 月 13 日于美国巴尔的摩